媽媽離開的時候想穿什麼顏色的衣服？

엄마는 죽을 때 무슨색 옷을 입고 싶어?

# 媽媽離開的時候
# 想穿什麼顏色的衣服？

엄마는 죽을 때 무슨색 옷을 입고 싶어?

告別式花藝師的推薦序

## 以愛家人的角度來看待死亡

「透過死亡完成人生，我領悟到重要的不是送別者，而是將重點放在離別者的人生上。」這是書中一開始就提到的一段話，也是我從事告別式花藝二十多年來的深刻體悟。

雖然時代進步了，但多數人對於「死亡」這個議題，還是較為忌諱、排斥，但也因此讓我常常在與喪家溝通亡者佈置需求的過程中，感受到其意見的分歧，沒人能很快地決定亡者告別時所期待的模式，甚至因意見相左而產生爭吵的情況也很常見，試想，每個人終須面對死亡，誠如書中所述，離別者的人生才是重點，看重親人的死亡也像是愛著對方的生命，讓每個人在世時能先安排、設計好臨終時所想要的，其過程不但能拉近彼此的關係，也能讓親人從容地面對亡者告別時的一切安排。

《媽媽離開的時候想穿什麼顏色的衣服？》透過女兒這個角色與家人平時的生活點滴，尤其是媽媽照顧失智的外婆所衍生出來的故事橋段，進而探討到死亡相關的話題，輕鬆卻又讓人省思，因為這些故事是如此貼近你我的生活，或許情節不同，但死亡是必然要面對的共同話題，如何以愛家人的角度來看待死亡，我想，《媽媽離開的時候想穿什麼顏色的衣服？》會是讓人很有感的一本書。

**翁采宜**

花回想花藝設計公司總監

致閱讀本書的女兒們

# 媽媽的幸福葬禮

應該先從自白開始。雖說要談談媽媽的葬禮，然而慚愧的是，我既不是孝女，也不是溫柔體貼的女兒，二十年來媽媽總是抱怨要聽到我的聲音比見到總統還難。現在回想起來，大概是覺得忙碌的生活比較自在，因此沒能成為一個情感細膩、會和媽媽絮叨著分享瑣碎日常的女兒。

是因為自己不是個好女兒而內疚嗎？我曾有段每天下班都會經過殯儀館的時期，雖然死亡本就讓人恐懼和悲傷，但在某天突然冒出「總有一天我也會成為喪主……」的念頭時，完全不敢想像媽媽的死亡會有突然降臨的那天。即使如此，我並不想帶著悲傷或莊嚴的姿態來紀念媽媽的人生，也不願透過向關係不熟的弔唁者們行數百次的禮，來記住母親的最後一刻。

起初是想送給媽媽「美好的人生結局」作為一份禮物，所以這本書一開始是以「送給媽媽的死亡」為題，然而越寫越覺得好像顛倒過來了，和媽媽聊天的過程中，反而是我收到了禮物。透過死亡完成人生，我領悟到重要的不是送別者怎麼送別，而是該將重點擺在離別者的人生上，因此，主題便從「我想送給媽媽的死亡」轉換為「媽媽想要的死亡」。

《媽媽離開的時候想穿什麼顏色的衣服？》書名以提問帶出本書主題，同時更多問題也隨之而來。這些問題既簡單又現實，答案卻又是從容而樸素的。與媽媽的聊天中承載關於生死的各種想法，無論是如何看待延長生命卻無積極意義的治療、是否想捐贈遺體或器官、希望火葬還是土葬、想要什麼樣的葬禮、如何整理遺物等……媽媽的話語，都在我心裡留下悠長的餘韻。

也許道別的時間會很長，罹患失智症或依靠長照中心等情況隨時有可能成為現實，因此我很想告訴失智症患者及家屬們如何生活，以及如何安定、有尊嚴的迎接死亡；另一方面則出於個人好奇，我也想挖掘自己對長照中心感到不自在和疑慮的原因。

此刻我真的很感謝外婆，從醫院到家裡，再從家裡到老人幼稚園和長照中心，這一年多的失智症看護生活，成為我和媽媽開始討論死亡的契機。多虧外婆，我才能毫無罣礙的談論這個有些敏感、讓人難以啟齒的話題。媽媽從外婆身上勾勒出人生最後的光景，而我也在不知不覺中，看著這樣的媽媽描繪自己的晚年。

就這樣，《媽媽離開的時候想穿什麼顏色的衣服？》完成了。媽媽描繪的葬禮畫面，將會祝福媽媽的人生，協助她主動完善自己生命的終局。還有個意外覺得開心又慶幸的事，就是在準備這本書的過程中，我和媽媽聊了許多，媽媽總問著「再來、再來，還要聊些什麼？」，像這樣充滿期待的與這個以前總疏於關心她的女兒對話。

看重某個人的死亡也像是愛著對方的生命。面對死亡沒有正確答案，但是每個人都有各自的解答。隨著平時討論對死亡的看法，一點一點的感受到與家人修復關係的幸福。

希望正在讀這本書的你，也能為自己或者某個人準備美好的結局，這個過程也將會成為完整你人生的「禮物」。

二〇二〇年 春
申昭瀞

# 目錄

致閱讀本書的女兒們
媽媽的幸福葬禮

Chapter 1
六十歲的老公和七兄弟姊妹的橫衝直撞孝順記

外婆的壞女人、死女人 013
差點走上黃泉路的「五公分」孝道 027
我們家的孝順度積分制 039
小房間內藏著的五十公升垃圾袋，是遺物嗎？ 051

## Chapter 2 五姊妹的創意死法

阿姨用鹽巴把腦袋給醃漬了！ 063
寫在人生考卷上的毒蘑菇、安眠藥和河豚卵 075
「妳算什麼！」的二阿姨，收到召集令的四阿姨 085

## Chapter 3 外婆！去幼稚園了嗎？

時隔六個月傳來的訃聞，和外婆被搶走的壟溝 095
狗狗辛巴是孝順的主治醫生 105
身上黏著糞便的奶奶，愛玩串珠的外婆 115
外婆，一定要拿到全勤獎！ 127

## Chapter 4
## 死亡啊！你也該做些什麼不是嗎？


媽！在奶奶鼻子下墊張衛生紙吧！ 139
別把我的死告訴任何人！ 149
狗掌上釘馬蹄鐵，頭骨上的鑽石？ 157
十三歲，遊走死亡邊緣 165


## Chapter 5
## 媽媽的郊遊正在進行中


只有好人眼裡才能看見媽媽的塞納河 175
媽媽最後的家 183
媽媽的國家代表隊桌球拍 191

Chapter

# 6

## 但是，想念媽媽的話怎麼辦？


想要的是這樣嗎？器官捐贈？遺體捐贈？ 199

爸爸的樹葬、媽媽的海葬和網路奉安堂 205

穿上華麗的衣服前來媽媽的葬禮吧！ 211


闔上書


啊！這不是外婆的大醬嗎？ 221

致媽媽的信 227

Chapter 1

# 六十歲的老么和七兄弟姊妹的橫衝直撞孝順記

# 外婆的壞女人、死女人

「天哪，姊姊！姊姊！再這樣我快活不下去了……」

焦急得快哭出來的聲音從媽媽手機傳來，是二阿姨。嚇得瞪大了雙眼的我，為了不錯過聽筒那端阿姨的每句話，緊貼在媽媽一旁坐下，電話中斷斷續續傳來的聲音，是身分不明的謾罵聲。

「壞女人、死女人……竟敢@#$%把我的腳&*@#隨便xxxxx……」

雖然不知道具體原因，不過我所認識的二阿姨是位天使，是那種心地善良、會因別人的一句話而感動落淚，只要相視便能從她眼裡感受到滿滿愛意的人。到底為什麼、又是在哪裡遭受到什麼人那麼過分地對待？這不禁讓人感到鬱悶。

「誰？是誰在罵人？」我用眼神詢問。

無法放下電話的媽媽以嘴形回答：「外婆。」

咦？對天使般二阿姨猛烈謾罵的人，竟是住在潭陽的外婆，是媽媽與阿姨的母親。安慰著阿姨的媽媽，沉著地要求把電話轉給外婆，並按住一邊的鼻子、變換聲音假扮成醫生。

「外婆，我是醫生。今天晚上請早點休息，明天來醫院時，我再幫您看看腿。」

「好的，醫生。」

媽媽用來穩定外婆情緒的絕招正是扮演醫生，就像對哭鬧的孩子說警察叔叔要來抓你了一樣。這之後，外婆像什麼事都沒發生過似的，立刻鎮定下來恢復平靜，這方法確實成效出奇。安撫完吵著要解開石膏的外婆後，媽媽叮嚀二阿姨，別忘記隔天照顧服務員來的時候一定要帶外婆出門散步。

過去六個月全天候照顧外婆的母親，跟我說她需要暫時逃離這樣的生活，便規畫了四天三夜來找我的旅行。因為照顧住院及失智症的外婆而身心俱疲的媽媽，正式展開「失智症看護的解放之旅」，將外婆暫時託付給弟弟妹妹們照顧，讓住在首爾的二阿姨有了孝順的機會。而這才是媽媽享受短暫甜蜜閒暇的第一天，也是二阿姨遭受狠毒對待的第一天。

幸好申請了長照管理中心的照顧服務員[1]到府照顧外婆，週間的白天才有了兩個半小時的自由時間。媽媽交代阿姨那段時間一定要出門休息，聽她說著是歷經何等困難才獲得那段空檔、那又是多麼珍貴的時間，簡直就像與某件事抗爭後爭取自由的鬥士般。母親講述的照顧談，幾乎是個英雄故

1｜類似臺灣長照服務中的「居家喘息服務」，讓家庭照顧者可獲得休息時間。

事。

雖然不是醫學用語，但直到前天還在照顧外婆的母親自創「激動行為發作」一詞，瞬間說明了所有狀況，媽媽估計外婆每一到兩週會嚴重發作一次。不知是幸還是不幸，正巧就在媽媽解放之旅期間，外婆的「嚴重發作」全被善良的二阿姨碰上了。

結束通話的母親，還諷刺的以「性惡說」描述外婆的症狀。說她發作的時候完全變了個人，眼神變兇狠、力道也變強。看著這些樣貌，就覺得道德課[2]中哲學家所說「人性本惡」這句話是千真萬確的，尤其發作時外婆往往會發揮不知從哪來的神力，不分青紅皂白地對任何人粗魯的謾罵、宣洩怒氣。二阿姨照顧失智症的序曲，像一場連珠砲饒舌似的嘻哈表演，以充滿大量髒話的方式登場。

2｜韓國義務教育的課程之一。

推測外婆第一次出現失智症狀，大約是在十年前。當時外婆常常對家人發脾氣說，有人一直偷走她的鋤頭，結果鋤頭不但沒有減少，反而因為子女們聽到外婆這麼說，每次都會買一把過去而變多了。到去年為止，外婆還是一名可以獨自完成吃飯、上廁所等基本生活的輕度失智症患者。

壞女人～死女人～$%#@#
竟、竟然敢～**&※$
把我的腳～
*&※$

而且七個兄弟姐妹中，住在光州的大女兒、三女兒、四女兒和五女兒離潭陽外婆家很近，我的阿姨們由於覺得雖然外婆在吃飯、喝湯上打理得很好，卻沒能好好吃小菜實在可惜，因此每週會帶著小菜去外婆家三、四次。女兒們一週會找一天陪外婆去澡堂，也常在外婆家菜園的亭子裡開烤五花肉派對。就這樣到去年為止，女兒們在沒什麼較大犧牲的情況下，這樣照顧著罹患失智症的外婆。直到讓失智症加劇、必須二十四小時照顧外婆的「五公分事件」發生前，外婆和七兄弟姊妹的相處都很平和。

那通由突然間成為「壞女人、死女人」的二阿姨打來的電話，讓我和媽媽自然地聊起外婆的失智症，以及死亡的話題。媽媽坦言，因為隨身照顧外婆的緣故，不免常常會想像起自己的死亡。這同時也讓我惦記起必須要關注她的「死亡」和「死亡感」，因為母親好似從外婆的人生盡頭裡，看見生命中活著的日子比剩下的日子更少了。隨著與母親談論的話題越深入，也為原先看不見的死亡，穿上了一件件具體的衣服。

「如果我失去意識被送到加護病房的話，不要無謂的替我延長生命，這段時間不是看過很多了嗎？心臟停止跳動時，使用心肺復甦術；無法呼吸時，插管連接呼吸器救命。我絕對不要用那些東西！」

「嗯？妳是說不要插管治療？」

「呼吸器這種東西啊……哎呀，插上去容易，再拔掉卻很難。」

「也是，插管治療這件事誰都會說，但哪有人敢輕易說拿掉呢！」

「所以啊，乾脆不要有插管的念頭。還有，得由妳來做這個決定。」

「我？有爸爸在為什麼要由我作主？而且這種事應該交給長男決定才是啊。」

「喂，在我們國家的習俗裡，長男得承受周圍的眼光，不能做那種決定；長媳則是不管提出任何意見都會被說閒話，也不能作主。這可是身為長女的妳該做的事，明白了嗎！」

腦中浮現出在醫院看過的畫面。從外形便讓人感到壓迫的醫療設備、長管子，還有寫在病歷表上難以理解的醫學用語。人們認為健康長壽的活著是種祝福，死亡越晚到來越好，所以堅信要使用現代醫術盡可能延長性命才正確。

媽媽則非常果斷地拒絕延長生命的治療，我一邊懷疑這究竟真的是她本意嗎，一邊想著過去一直相信人類可以干預死亡的想法，真的是理所當然嗎？好像突然間變得無法斷然認同了。媽媽那雙帶著皺紋的眼睛，飽含力量的眼神命令我遵守並替她完成這個決定。媽媽在死亡面前如此悲壯，像個準備起義的獨立運動家，看在我眼裡也變得偉大起來。

「喂，還在嗎？講到呼吸器就說不出話啦？『不好意思，醫生！我想活到這裡就好了，請送我離開吧。』記得幫我轉達這句話啊！想到萬一得讓你們做這件愧疚的事，即使想道歉也沒辦法不是嗎……我不說了！」

「媽，之前在紀實電影《潛水鐘與蝴蝶》（Le Scaphandre et le Papillon）看過，裡面閉鎖症候群的患者[3]會用眼睛溝通。我們也用這個方法好嗎？左眼代表聲母，眨一下是「ㄅ」、眨兩下是「ㄆ」……以此類推；右眼則定為韻母，「ㄅㄚ」、「ㄅㄛ」、「ㄅㄞ」、「ㄅㄠ」……以此類推，來練習看看吧？」

哭笑不得的媽媽順勢眨了兩三下後，眼皮稍微抽動了幾下；再練習眨眼「吃飯了嗎？」這句話，便搖搖手說需要喘口氣休息一下。接著她說，醫院加護病房有固定的探病時間，即使精神好想跟人說話，若剛好沒碰上探

3｜患者意識清醒，全身除了眼睛以外全部癱瘓，導致不能自主說話、活動。

病時間，也是沒辦法的事；最重要的是，患者全部以相同的樣貌，並列躺在連是哪張床位都難以找到的加護病房裡，等待生命的盡頭。全身插滿不知連接到何處的管子，只剩下眼睛眨啊眨著像外星人似的，真不想以這個樣貌被記住。如此看來，大概都是些沒有治療效果、只是延長生命的治療。因為對即將離開的人感到不捨，而無法輕易道別的家人來說，也許這都只是拉長難過的時間罷了。

「媽，遇到那種狀況，家人間不是通常都會意見不合嗎？我光看電視劇裡哭鬧的場景，就已經覺得有夠混亂了……」

「妳知道子女們希望能在最後盡孝的心意吧，尤其不孝子因為想彌補過去虧欠的內疚情緒，會更想這麼做，其實母親根本不在意那些虧欠，只希望子女好好送她離開而已。」

「孩子們是因為太傷心才會那樣的嘛。」

「只有我會死嗎？只要是人都會死的啊，像雪球一樣越滾越大的醫療費又該怎麼處理？這樣活著的孩子們太可憐了……我不想變成醫院的VIP，又不是什麼百貨公司。」

「VIP顧客？哈哈哈，說得真好。」

「如果連好好送別都不能，還有什麼更簡單的方法呢？讓持反對意見的孩子繳後續全部醫療費的話，大概馬上就會改變想法的，呵呵呵。」

雖然僅是四天三夜的短暫旅行，但我緊跟在媽媽身旁，聊了好多久久都不會遺忘的話題——困難而沉重的「死亡」。

平常相處時，因為不自在或話題敏感等理由，選擇避而不談；然而媽媽最近看著外婆不知道在想什麼的表情，每天照顧她的同時，便必須面對死亡迎面而來的提問。所以今天能和媽媽談起死亡這個至關重要的話題，還能以這樣的方式討論，是一件多麼值得感謝的事情。雖然我和媽媽都沒有明講，彼此卻都明白，對方已用盡全力表達所有內心最真實的想法。

比起以哲學的角度討論死亡，媽媽針對死亡說出各種沒聽過的想法，或讓人心頭一暖、可愛又爽快的話語，都在我心底留下深刻的印象。等媽媽九十歲後，我會記起此時的她、在此刻曾講過的事，然後依此做任何她希望的選擇！

到了那時候，我能做得好嗎？

# 差點走上黃泉路的「五公分」孝道

媽媽在失智症看護解放之旅的第二天，總算消除了六個月以來漫長的壓力。原本外婆即使患上十年的失智症，身體也沒有出現別的問題，病情突然間急速惡化的主因是跌倒造成腿骨折。六個月前，七兄弟姐妹中的老么，也是最小的兒子小舅舅下潭陽探望，進外婆家裡時，拉門發出「吱呀吱呀」的聲音，隨後卡住，門便難以打開。

後來發生的事，媽媽到現在還是感到很憤怒。修理拉門後，門檻也提高了五公分，這件事拉開了每天都是照護戰爭的序幕。外婆因為那樣摔倒以致腿骨折、進行手術，失智症狀也因此加重了。

留著一頭灰色長捲髮配上膠框眼鏡，如電影演員般帥氣的首爾小舅舅，為了外婆大費周章進行的門檻修繕工程，結果卻落入狼狽不堪的窘境。這是六十多歲老么無知的孝順，他不懂那種高度的門檻，對邁入九十歲的老人來說其實很危險。這意想不到的結果讓舅舅傷盡顏面、媽媽承受看護壓力而身心崩潰，二阿姨則因為外婆激動的連珠砲謾罵，增添了痛苦的回憶。

事實上不只門檻，還有件事也在他的「孝順清單」中，那就是小舅舅覺得，廚房電燈太久沒替換，東西看不太清楚，因此換上了「簡約的」間接照明燈。可是在鄉下家裡怎麼會裝間接照明燈呢？媽媽說這樣視線反而更模糊了，叫小舅舅再將房間和廚房的電燈換成LED燈，結果他只換房間的燈便匆匆離開了。幾週後來訪的大兒子，也就是大舅舅，也是一個樣，覺得外婆進浴室時裡頭的階梯很危險，便將它拆除，順便將小兒子離開時沒換的廚房燈全部換新後，便也匆匆離開了。

大兒子只換廚房燈、小兒子只換房間燈，兩人都沒待多久隨即離開。外婆雖然常常吹噓自己生了兩個兒子，其實她對這些心知肚明。話雖如此，但我也和舅舅們一樣，由於每次去媽媽家時總覺得不自在，大半時間都躺著，別說到處看看家裡有沒有地方需要修理，就連幫著媽媽一起準備飯菜都嫌麻煩。為什麼一回媽媽家就什麼都不想做，只想休息呢？

因為這件事，外婆摔倒後住院兩個多月。為了讓骨骼痊癒不能任意移動，外婆卻說腿上的石膏悶得她心煩氣躁，時不時叫媽媽幫她鬆開，一刻也無法安靜。媽媽沒日沒夜跟在外婆身旁勸說，睡眠時間總是不足。然而周圍的人越是阻止，外婆失智症的激動行為發作就越頻繁，媽媽說那是段「一下發瘋一下暴怒」的艱苦時刻。

我好奇地問媽媽，為什麼需要二十四小時待在醫院，不是還有看護制度[4]嗎？媽媽說外婆的狀態是看護無法承受的程度，她會掀餐桌、弄得整個醫院一片混亂，還會大吼大叫說「要回家」、「不能待在這裡」、「要回去

4｜在韓國，醫院為了彌補護理人力不足的情況，會與看護企業簽訂合約，提供家屬另一個照顧病患的選擇。

餵家裡的狗吃飯」。

光聽就覺得這可不是件普通困難的事，所以當時媽媽只希望可以趕快出院。每天晚上都睡不好、對其他病床的患者感到很抱歉，最重要的是，外婆也很累，生活變得一團糟。那時壓根無暇考慮出院以後的事，現在想來覺得當時還不如請醫院開失眠藥處方，一旦發作了便給外婆服用就好。

媽媽長嘆一口氣說：「只要不用跟在外婆身旁大吼大叫，我就好像活過來了。」在醫院的兩個多月，主要由媽媽照顧外婆，雖然阿姨們也會來幫忙，但最後卻全都舉雙手雙腳投降。不只四位女兒，連同她們的家人，家族三代全都瀕臨崩潰邊緣。

臨出院的日子時，誰也不敢出聲說要照顧外婆，誰也沒有多餘的力氣。要帶外婆回家還是送她到護理之家，大家都在等待身為長女的母親做決定。

5cm

媽媽下定決心前去護理之家諮詢，商談過後完全改觀。

「好像還不到去護理之家的時候。」

「為什麼？不只有人照顧，還可以接受治療不是嗎？」

「在我看來，即使有其他失智症病患陪伴，在那裡除了例行的照顧外，就什麼都沒有了。雖然病患呼叫的話，護理人員會迅速跑去，但坦白說，失智症的問題行為不是光有愛和真誠的態度就夠了。」

「原來即使在護理之家，也很難照顧好所有失智症患者啊。」

「因為失智症和其他疾病不一樣，不能請一般看護。不是也有包好尿布後，就把患者綁在病床上的情況嗎？況且，外婆目前神智還清醒，會乖乖待著嗎？」

就這樣，外婆打著石膏出院了，沒有住進護理之家，而是回到原本的家。

即使因為外婆的激動行為發作而「摧毀式的」破壞了家人間的感情，媽媽卻決心在家陪外婆三四個月，也希望藉由這個決定，給弟妹們最後一次盡孝的機會。媽媽覺得哪怕是在生命最後一點時光，難道不該接受家人照料嗎？

外婆每三十分鐘就會問起自己的腳怎麼變成這樣，時不時大吼要人拿剪刀或刀子來把石膏拆掉，折騰半天才剛癒合的骨頭便又裂開了。外婆嗓門非常大，令人懷疑她真的是九十多歲的老人嗎？偶爾媽媽被外婆用力打一頓，手臂還會出現瘀青。老人家不論是非猛烈攻擊，根本沒有躲開的方法，媽媽坦承說，雖然是自己的父母親，但發起火來簡直像無法溝通的青春期孩子，惱人得令人想揍她一下。

「所以妳打算待在家裡陪外婆直到她過世嗎？」

「現在什麼也無法保證，我也是第一次經歷這些事，打算先嘗試兩個月看看，即使只陪到腳骨癒合也好。我在想就算住進護理之家，要自己去廁所時，受到的對待大概也不會很好吧。」

「說得也對，不是無法自主大小便，而是腿不方便，一定要有人幫忙帶去廁所啊！」

「現在還不是需要包尿布綁在床上的程度，外婆即使胡言亂語，神志會在某一瞬間清醒，如果追問她為什麼跟剛剛說的不一樣，也回答不出來，只是突然變正常了。」

總之多虧（？）「五公分事件」，外婆家進行了一番整修。那是由於媽媽擔心外婆已到了身體難以康復的年紀，如果再次摔到屁股的話，可能會導致死亡。就這樣，外婆家滿載回憶、也發生許多事故的門檻被拆除了，趁這個機會，也把早已生鏽的大門鐵框一併丟掉。

我想起十多年前，看到外婆像紅鶴般單腳站著穿襪子的模樣，當時嚇了一大跳。連我單腳站立時都會重心不穩，需要坐在椅子上才能穿襪子。這樣的外婆也無法逃離歲月的消磨，不過，又有誰能逃離呢？

四十歲以後的我開始看不清楚小字，七十幾歲的媽媽上下樓梯變得費力，而九十多歲的外婆被五公分的門檻絆倒。因為誰也無法避免的老化，讓我們感到各種不便，我猜想會不會是因為年輕的時候，生活的環境就再也沒有變化的緣故呢？不論居住空間或是室內設計，都帶著「年輕才是正常，而年老不是」的負面訊息，稍微環顧周遭，就會發現到處存在這樣的狀況。

我們一生到死亡之前，如果有必須不斷學習、理解的事，我想那不是所有人都經歷過的青春，而是即將面臨的衰老。

突然很好奇，如果活到一百歲，那時候會需要什麼呢？

因為誰也無法避免的老化
讓我們感到各種不便
我猜想會不會是因為年輕的時候
生活的環境就再也沒有變化的緣故呢？
我們一生到死亡之前
如果有必須不斷學習、理解的事
我想那不是所有人都經歷過的青春
而是即將面臨的衰老

# 我們家的孝順度積分制

媽媽的看護解放之旅第三天，我用多到讓人厭煩的程度詢問各種問題。但媽媽似乎對平常不太留意這些事的女兒，這麼突如其來的關注很是高興，她拿出和阿姨、舅舅們在「家族群組」裡互傳的訊息，一一給我看。當她說明到「孝順度積分制」時，活像個有好好完成作業、想被稱讚的幼稚園學生一樣。簡單來說，「孝順度積分制」是將照顧時間換算成分數，用來檢測每個人孝順的程度。

事實上，自從外婆出院後，家族群組比起之前安靜許多。沒有人主動詢問或提出照顧相關的想法。

潭陽外婆生了七個孩子，那個年代的老人家幾乎都是如此，眼裡除了大兒子之外，還是大兒子，他們總說自己沒辦法餵飽女兒們，一直秉持著這個觀念活到現在。由於外婆將第二個兒子視同女兒們，阿姨們就經常開玩笑說小舅舅和她們排在同個地位。如果按照外婆疼愛順序排名的話，第一名是大兒子，其次是女兒一號、二號、三號、四號、小兒子，最後則是女兒五號。大兒子、小兒子和二女兒住在首爾；女兒一號、三號、四號及五號則住在光州。因此，外婆主要由住在附近的女兒們照顧。

看護隊長由女兒一號，也是我媽媽擔任。壓力大到覺得頭快炸開的某一天，媽媽在家族群組裡向大兒子發送一封訊息，內容是希望他好好盡孝，與「李女士」（即外婆暱稱）分享他的愛。

下週一過來

一直到星期六為止

請和李女士分享愛

不知道為什麼，家族群組變得更安靜了。於是，媽媽再次發送訊息，說明照顧失智症不只是「盡孝」而是「義務」。

現在是檢查各自孝順程度的時間＾＾
其實不是盡孝
而是義務！！！
要開始計算孝順分數囉～

終於，住在首爾的大兒子雖不在群組回覆，卻以個人私訊的方式回應了。為了試圖縮短照顧時間，他開始施展撒嬌戰術。

大姐＾＾
一週有點太長了

**請減少一點天數吧～！**

因弟弟的撒嬌，媽媽將時間打了折扣。

**好！**

**我就大方一點**

**三天兩夜＾＾**

**可以吧？？？**

家族群組內只有希望盡量「輪早班」的女兒三號，在看了看氣氛後，機靈的傳來訊息。

我可以安排一個晚上
如果還有其他空缺需要替補再跟我說
要臨時照顧的話也很歡迎
還有
請幫我計算白天五小時以上的分數
義務成績～～～❤

大兒子成功將一週的照顧時間砍成三天兩夜；傍晚後盡量不安排看護的女兒三號，認為白天照顧五個小時以上也算「成績」，要求納入「積分」。

越聽越覺得「孝順度積分制」的想法無比絕妙，我開玩笑說，國家應該要向全國國民推行這個制度。媽媽聽了反而有點難為情，覺得自己硬是要求弟妹們盡孝，為此苦惱很久。

事實上，是其他家庭的例子，給了媽媽孝順度積分制的靈感。某個社區裡住著四男三女的家庭，大兒子從小因獨佔父母的愛，養成了目中無人的性格。後來母親罹患癌症，大兒子卻裝作什麼也不知道，經常回老家騙錢。最後，母親過世，原先負責照顧的大女兒說要主理喪禮，想當然爾，長男因此大發雷霆，引起家裡一陣混亂。不過弟妹們反對讓總是恣意妄為的長男處理，一面倒的支持將喪禮和財產分配等事情交給大女兒統籌。

他們計算母親抗病期間子女們各自盡孝的程度，以此分配財產加上白包的金額。評分準則有：零用錢、回家探望、外出用餐、飲食、醫院照顧、打電話等十項，更澈底審查每個項目的執行次數。

遺產紛爭在每個家庭都很難不遇到背後說閒話的情況，但依據孝順的貢獻程度合理分配的故事，為媽媽提供了一個很好的解決方法。據說，實際上該家庭還跟電信公司調閱通話紀錄、調查信用卡的消費明細，盡最大可能蒐集佐證。但不論多合理，這個制度本身非常複雜，如果家人們彼此想法分歧，無法同心協力的話便很難實行。幸好我們家孝順度積分制的創立者是身為長女的母親，加上阿姨、舅舅之間感情很好，願意一起執行，使這個制度能夠奏效。

隨著我對孝順度積分制讚不絕口，媽媽也趁勢自豪地炫耀了一番：與別人家制度不同的是，她雖然沿用原有制度，卻加入了中間結算的規則，不在最後才一次性結算外婆的財產，而是以「中間積分結算」的方式慢慢分配，希望外婆離開之前可以享受到「超多」孝順。「這麼做，不是也能讓弟弟妹妹們，感受到遠道而來盡孝的滋味嗎？」媽媽說道。

就像家人們討論以「對外婆投入的愛和時間換算成分數」的制度一樣，媽媽會在每個需要做重要決定時，給大家發言權，並將其視為之後分配財產的準則。太厲害了！不久後，「孝順績效圖表」也許會掛在外婆房間的牆壁上。

無論是對七十多歲的大女兒，或是六十幾歲的小兒子而言，照顧九十多歲患有失智症的年邁母親並非易事，即使內心仍是花樣中年，身體年齡卻已步入老人的行列，多虧孝順度積分制，每人的看護時間分配得還算平均。家族群組聊天那週，大兒子照顧母親三天兩夜後回家了，接著由媽媽與可靠的支援軍女兒二號輪流看護五天四夜。這段時間女兒三號和四號則會趁自己空閒的時候前來替補照顧，或幫忙處理各種雜事。

這幾天是女兒二號負責照顧的時間，媽媽宣布決定每個月頒發感謝獎金給女兒二號。雖然生性善良的二阿姨極力推辭，但媽媽說這份獎金代表其他兄弟姊妹對她的感謝，必須接受，堅決將那筆錢送了出去。雖然依各自時間安排、統計看護時程也是一份苦差事，但媽媽笑著說願意盡孝的兄弟姐妹多、可以分配的人力多，就是最大的祝福了。

真是神奇！「孝」本身其實是無形的概念，但在聽完媽媽講解孝順度積分制後，竟然覺得手裡好像握有什麼東西似的，彷彿由溫暖的血和肉構成，存在著實在的重量。對養育我們時偎乾就濕的父母晨昏定省，成為因辛勞而磨破雙手的父母其手腳[5]，假如與父母因關係疏遠而情感淡去，那便不是孝了。但即使是親密到連家裡有幾個鍋子都一清二楚的兄弟關係，就算知道這一切都是為了盡孝，強求大家來照顧父母的那一方還是會感到有負擔，被要求的一方也仍會感到痛苦。因此，為了盡可能不強迫任何人犧牲，考量各自的處境和情況後，讓大家自發性的實踐，從這一點來看，這個制度更加人性化。

5｜出自韓國歌曲《母親的心》，是一九三〇年代李興烈受梁柱東的詩感動，因而創作這首描寫母親養育子女辛勞的歌。

家族裡的七兄弟姊妹自發性實行義務，將孝換成分數累積，連同零用錢一併分配，逐漸成為一種使彼此情感更加緊密的家庭文化，家人們也因此共創了美好的家風。最重要的是，希望這個制度可以讓外婆的餘生更幸福。曾經一度安靜的家族群組，今後也會以不間斷地撒嬌、包容和歡笑熱鬧著！

「孝順度積分制」
不是在最後才結算
而是採用「中間積分結算」
媽媽希望外婆離開之前
可以享受「超多」孝順
這麼做不是也能讓弟弟妹妹們
感受到遠道而來盡孝的滋味嗎？
太厲害了！不久後「孝順績效圖表」
也許會掛在外婆房間的牆壁上

小房間內藏著的五十公升垃圾袋，
是遺物嗎？

「唉，真是要活不下去了。姊姊，媽媽怎麼會發現那個東西呢！」

媽媽看護解放之旅的最後一天，二阿姨一大早便急忙打電話過來。雖然整趟旅行看起來很平淡，但「解放」這個命名對媽媽而言，有著很深刻的感觸。

「天啊！我已經故意轉移媽媽的視線，把衣服藏到看不見的地方了。」

「聲音聽起來也非常憤怒，到現在還在大吼大叫。」

「妳先讓媽媽坐上輪椅，帶她出門到巷口走走，把注意力轉到外頭。」

「媽媽很固執，說死也不坐輪椅，該拿她怎麼辦才好，真是的！」

「那妳去跟社區活動中心借裝有椅子的步行器，讓媽媽自己推著走。」

媽媽是大家公認照顧失智症的老手，她俐落的向被外婆罵的二阿姨下達指令。外婆口中的壞女人，也就是擁有天使般個性的二阿姨，她犯下的罪名是——不能被發現卻被發現的罪。而不能被發現的東西，則是塞滿外婆衣服的五十公升垃圾袋。為了將外婆不穿的衣服、不使用的物品陸續整理起來，女兒們會瞞著外婆偷偷將東西放在離外婆房間最遠的小房間裡。但骨折稍微好轉的外婆獨自去廁所時，哎呀，竟然發現裝滿自己衣服和物品的垃圾袋！

「外婆的衣服？有很多要扔掉的嗎？」

「丟衣服原本不是難事，但什麼東西都扔不掉，就會堆積成山了。應該要快點整理才行，東西太多的話也會讓人厭煩，還有從光復以後就一直留到現在的東西。」

「也是，在同一個地方生活超過九十年，東西該有多少啊！」

「所以我只要找到機會，就會把沒在用的東西收集起來準備丟掉，結果二妹代替我被發現了呢！嘻嘻嘻。」

外婆是將丟東西視為罪惡的上一代人。如果去外婆家的話，會看到很多博物館才能看到的古物，像鐵製熨斗、火爐、農具、織布機織成的小東西等等，全部都是飽含外婆人生足跡的物品，甚至有些是我從小就看過的東西，現在仍在一樣的位置，只是蒙上了灰塵而已。為了整理環境，只留下會使用的生活用品，媽媽展開祕密作戰，一點一點將東西拿出去扔掉，這也成為照顧外婆之餘的一項重要任務。

即使如此，以外婆的立場而言，看到還能使用及長時間喜愛的東西被裝進垃圾袋裡，該有多生氣啊！換作是我，想到自己收到的禮物或是愛惜的物品被丟掉的話，也會感到憤怒。但是外婆現在也記不得哪個地方有什麼東西，或者什麼東西有怎樣的含義。這麼看來，經過九十年歲月的積累，只會記得一兩個珍貴的東西，其他都記不太起來了。媽媽說上了年紀後，只會使用平常有在用的東西，用不到的東西完全不會碰，一年內一次都沒有使用過的物品還是丟掉比較好。

問媽媽知不知道外婆會不會是想把這些東西留給子女們，但媽媽說那些東西只有對自己來說重要，對別人而言，很多時候僅僅是沒有意義的垃圾而已。也是，將垃圾作為遺物留下，誰會喜歡呢！提前做好丟東西的準備，從各方面來說，還能讓內心比較安定，媽媽補充說道。如果交由活著的子女處理這麼多名為遺物的東西，既不能隨便對待，也很難辨別東西是否具有意義，那該多辛苦啊！

在生前把有用的東西送給別人才算是禮物，媽媽說她已經下定決心，要趁頭腦還清醒的時候，先將到時可能要丟棄的遺物整理好扔掉。話雖如此，每當空出時間要整理時，即使翻遍整個衣櫃，最後那些東西還是跟整理前一模一樣。

名為「物品」的東西還真是奇怪，因為充滿著回憶，要丟掉時往往會猶豫不決。更別說是要扔掉別人的物品，那該有多困難呢？所以可以的話，不論是什麼東西，提前交給誰或者丟掉都是比較好的選擇。為了緩解有些感傷的氛圍，我笑著跟媽媽說，很期待收到她的禮物，如果有整理好要留下的東西就趕快給我。

一想到一旦將曾經使用過的物品以死亡為由審視，瞬間就化為難以處理的垃圾時，心裡便不太好受。每次丟自己的東西都覺得如此困難，別人接手處理時一定更加心煩意亂。況且看到別人扔掉我的東西，也會感到不舒服，因此走向死亡的同時，提前減少這樣的不便，是必要之事。

雖然脈絡與前面完全不同，媽媽卻想起了一件往事。這是三十年前媽媽熟人的家庭故事，據說自從他退休後，每當與朋友們聚會，總會誇耀自己的媳婦，稱讚媳婦經常替他準備全新、乾淨的內衣褲。但是某一天，他看到媳婦拿夾子夾起自己的內衣褲，迅速丟進垃圾桶後，才明白原來媳婦是由於不想碰公公的內衣褲，才總是帶新的來。遺憾的是，他因為那件事受到太大的衝擊，選擇結束自己的生命。

如同媽媽所說，這是個令人震驚的故事，因此到現在都還記憶深刻，那份深刻彷彿也儲存著故人的苦惱和失落，令人惋惜。光是耳聞就已經非常心痛了，當事人該有多辛苦……我想大概不是內衣褲的關係，而是因為察覺到自己遭受這樣的對待。

使用過的物品之所以具有超越實用性的意義，是因為其中蘊含一個人的生命故事。活著的時候帶給我快樂的東西，在我離開後，還能帶給收到的人相同的喜悅嗎？我想，是時候開始思考組成我生活的各種物品，它們的「快樂保存期限」了。這樣才能避免看見自己心愛的東西，被裝進垃圾袋的場景吧？

我問媽媽，把外婆的東西捐出去如何？跟她說將這些東西送到適合的地方給其他人使用的話，外婆也許可以理解吧！媽媽雖然贊成我的提議，卻惋惜地說，應該在外婆身體好的時候早點這麼做。

「媽，萬一外婆因為東西被丟掉生氣了怎麼辦？」

「能怎麼辦，就要更偷偷摸摸地丟啊！哈哈哈。」

使用過的物品
之所以具有超越實用性的意義
是因為其中蘊含一個人的生命故事
活著的時候帶給我快樂的東西
在我離開後
還能帶給收到的人相同的喜悅嗎？
我想，是時候開始思考
組成我生活的各種物品
它們的快樂保存期限了

Chapter

2

# 五姊妹的創意死法

阿姨用鹽巴把腦袋給醃漬了！

「大阿姨、大阿姨！媽媽變的很奇怪，正在去急診室的路上。請一起過來吧！」

身為韓醫師的姪子倉促打電話來的那天，媽媽想都沒想立即飛奔到大學醫院急診室。媽媽最小的妹妹，也就是我的小阿姨，兩個月前被診斷出罹患子宮頸癌第二期，進行了手術。最近進入最後治療階段，所有人好不容易才放下心。全家在醫院集合完畢後，姪子著急的向醫生說明症狀。

「全身無力、走起路來歪七扭八、胡言亂語，像是失智症一樣的譫妄症狀很嚴重。」

這句話讓全家人心頭一震。又再次進入了緊急狀態。主治醫生說，抗癌治療和放射線治療同時進行的話，肯定可以恢復正常生活。但是為什麼病情會再度惡化呢？這麼看來，不禁讓人懷疑，是不是與前段時間發生的事情有所關聯。整個治療過程並不順利，小阿姨每次進行抗癌治療和放射線治療時，血壓都會升高，因此有幾次得延後治療，或施打降低血壓的針，好不容易才熬過兩個月。

「醫生！是因為抗癌治療的副作用，所以出現異常嗎？」

「但主治醫生不是說癌症幾乎快治好了嗎？」

「醫生，不是正好好的恢復中嗎？為什麼變成這樣？」

幸好，冷靜下來的媽媽制止了爭先恐後問著醫生的舅舅、阿姨們。大家直盯著醫生的嘴，等待答案。

「是鹽。納離子濃度過高而出現的異常症狀，不是抗癌治療的副作用。」

醫生的回答超乎想像。出現異常症狀的原因竟然是鹽巴？面對鹽巴突如其來的登場，大家都愣住了，甚至覺得太過荒謬，吵著要將小阿姨轉到其他醫院。醫生似乎也不敢相信，但還是以堅定的眼神說：「如果持續現在的狀態，有可能會死亡。」他當醫生已經二十多年了，從沒看過納離子濃度超過兩百以上的患者，現在的情況非常危險，如果不盡快排除體內鹽分，有可能會死亡。

阿姨是七兄弟姊妹中的小女兒，外婆還活著，她卻有可能更早離開，這個情況讓大家都說不出話來。而且還是因為過度攝取鹽分！病危的阿姨馬上被送進加護病房，在死亡邊緣整整徘徊了兩天。直到小阿姨意識清醒為止，全家一刻也不敢掉以輕心。

後來了解緣由的媽媽，為了銘記那個讓人驚嚇又無言以對的混亂事件，還不辭辛勞的改用「愚蠢到極點、鹽漬腦袋的傻瓜」這個有點長的名字來稱呼小阿姨。

「天啊！所以這個愚蠢到極點、鹽漬腦袋的傻瓜，在放射線、抗癌治療期間，為了想快點看到成效而吃了鹽，對吧？要多傻才會用鹽醃腦袋呢？就連買各種對身體好的鹽來吃，都會因為太鹹而皺眉，結果為了治癒癌症，竟然大口大口吃掉。這是什麼瞎話！現在想想都覺得亂七八糟。嘖嘖。兒子還是韓醫生，真是不像話啊！唉……從磁振造影MRI的結果來看，鹽漬過的大腦變得又白又乾癟，樣子非常驚人；手也僵硬的像烏龜手一樣，內臟該有多糟糕，不看就已經覺得很荒唐了。用鹽醃漬活著的人，真是笨到沒完沒了，被鹽巴醃了的瘋子，X。」

小阿姨後來被轉到一般病房，繼續接受排鹽治療，與其說是治療，其實就是多喝水而已，所以後來辦理出院了。不過獨自待在家裡難以恢復的小阿姨，再次住進護理之家。

某天三阿姨前去探病時，因為擔心，在媽媽耳邊小聲的問：「大姊，廁所裡的杯子有裝水，該不會是鹽水吧？」「她到現在還沒振作嗎！」媽媽再度發火。

幸好不是鹽水，從那之後，小阿姨再也不執著於鹽了。

精緻海鹽
加碘
HIMALAYAN
Pink Salt

小阿姨會開始吃鹽巴，是因為看到YouTube上的一則假新聞，報導說吃鹽可以消除癌症引起的疼痛。

我聽到的時候真的非常驚訝。對我而言小阿姨十分特別，她上大學的時候住我們家，一起相處了很長一段時間，是我小時候的偶像。那時才小學的我，常常在朋友面前炫耀從小阿姨厚厚的大學書籍裡學到的知識。小阿姨是那個時期我最尊敬的知識分子，生病之前，她甚至還在補習班擔任老師，教導社區裡的小朋友。

但因為是聰明又會讀書的小阿姨，不能把鹽中毒的問題全部歸咎YouTube。小阿姨之所以迷信吃鹽，是基於難以承受的「病痛」。聽說每當癌症患者出現突發性疼痛時，全身會無時無刻痛到像是遭到拷打一樣，甚至覺得還不如去死算了。那樣的疼痛，想必讓小阿姨很難合理的判斷事情。

而且，隨著病痛越嚴重，內心更加不安、憂鬱。就這樣抱著抓住最後一根稻草的心態，仰賴各種資訊的小阿姨，最後傻到把鹽倒進身體裡。在難以忍受的疼痛面前，難免會期待僅存的一絲希望，能像滾雪球般瞬間變大。無論在心理還是生理層面，都會由於疼痛而引發其他疾病。

即使處方箋是減輕疼痛的止痛藥，也不是萬能的。疼痛會因為各自的經歷、心情，甚至周圍環境等無數不同因素而產生，很難客觀判定原因。不論醫生怎麼開藥，患者只要生病就會感到疼痛，也會出現不相信醫院給的藥，到其他地方尋找解方的情況。

就連小阿姨意識清醒後，也說好像因為吃了鹽，所以沒那麼痛。到現在還有多少病患在誰也無法代替的疼痛面前，為了暫時得到危險的安慰，相信甚至緊抓可能危害自己的方法呢？

現在回想起來感到相當自責，當時若是我能多注意、關心小阿姨的疼痛就好了。雖然家人間不能代替彼此生病，但如果幫助對方安撫情緒的話會不會比較好？另一方面，也覺得急需專業機構的協助，因為可惜的是以現況來看，並不是所有家屬都能細心照顧患者。

不過經歷這一切後，才發現既有的醫院體系很難及時處理單一患者的病痛。現在很多醫院比起舒緩疼痛，似乎更注重治好疾病。如此一來，與患者持續溝通、了解疼痛，同時隨著疼痛程度給予適當治療等工作，有可能比現在投注更多資源和心力嗎？

很感謝的是，因為小阿姨，我又學到了一課。與病魔對抗的時間，並不是生命受到破壞或被迫停止，而是人生歷程中的一個場景。

治療過程中的疼痛，會嚴重威脅病患和家人們的生活品質。比起「克服」疾病本身，如果醫院能更重視患者和家人的生活，且更細心注意如何減緩疼痛的話，也許他們的生活，就可以帶著各自的意義繼續前進吧。

到現在還有多少病患
在誰也無法代替的疼痛面前
為了暫時得到危險的安慰
相信甚至緊抓可能危害自己的方法呢？
很感謝的是，因為小阿姨
我又學到了一課
與病魔對抗的時間
並不是生命受到破壞或被迫停止
而是人生歷程中的一個場景

寫在人生考卷上的
毒蘑菇、安眠藥和河豚卵

那是在五姊妹為了領九十幾歲母親的藥，前往藥局路上發生的事。

「大姊，會拿安眠藥嗎？」

「是媽媽的處方籤欸，當然會拿！」

「不是啦，想說以後我們如果決定好死亡的日子，要多拿一點回來吃啊！哈哈哈。」

個性開朗的女兒三號開玩笑的問說，會不會拿很多安眠藥回來。年歲已過半百的姊妹們，只要聚在一起就會突然間變回少女，因為捨不得錯過每次相處的機會，總是馬上就聊得起勁。她們擔心會活得太久，在這個長壽時代，死不了反而才是問題。

「倒楣的話會活到兩百歲，那麼可要好好準備。」

「還是要大吃毒蘑菇？」

「哎呀，蘑菇不行！以為是毒蘑菇，吃下去才發現是像靈芝一樣珍貴的菇類，還有可能會長生不老呢！」

「糟糕！那可不行，噹！蘑菇淘汰！誰快提其他點子吧，哈哈哈！」

「河豚怎麼樣？河豚有毒。」

「喂，我們又不是專業的，連生魚片都不會切了，要怎麼收集毒素？」

「那麼卵怎麼樣？一點一點收集河豚卵！」

笑著說毒蘑菇、河豚卵也太不像話的老么，也就是女兒五號，接著更深入討論死亡的細節。

「找死藥不難，不知道自己哪一天會死才是問題。」

「時間差不多到了的話，我們就跟對方說該是吃的時候了。」

「什麼？告訴對方現在是該死的時候？哈哈哈。」

「『大姊，我看大姊的狀況是到該吃河豚卵的時候了。』這樣嗎？哈哈哈。」

「對啊，互相通知對方，然後感情和睦的幫助彼此好好離開！」

摻雜鼻音的「死亡鬧鐘」讓大家全都拍手叫好。有可能成為一號打者的女兒一號說，她真的很喜歡這個絕妙的點子。一輛載著決定幫助彼此走到人生最後的五姊妹們的車，在「夢幻駕駛路線」潭陽水杉林蔭道上暢快奔馳。

「雖然有點猛烈，如果已經超過七十歲的話，飛機或郵輪之類的事故死亡好像也不錯。」

「妳說什麼？事故死亡？」

「沒有痛苦的瞬間死亡，而且喪禮由政府舉行，子女們還可以拿到國家賠償金！」

「哇！那比中樂透或被雷劈還難，哈哈哈。」

「不行，那樣會成為其他人痛苦的回憶。」

為了緩和有些哀傷的氛圍，女兒三號又出場了。據說很久以前，秦始皇為了尋找長生不老藥，還派人到濟州島，結果還是沒辦法活很久。

「喂喂！你們因為死不了吵成一團，秦始皇要是知道的話一定會氣到說不出話來。」

「秦始皇生錯時代了啦！現在出生的話，可以輕鬆活到一百歲。」

「一百歲算什麼，以他的意志，活到兩百歲都不是問題。最近醫療技術多厲害啊！」

「那趕快打給秦始皇，跟他說韓國醫院有長生不老藥！哈哈哈。」

五姊妹因為一個九十多歲母親的藥袋，從河豚卵、醫療技術，聊到秦始皇，喋喋不休。不知道是活太久比較倒楣，還是像秦始皇一樣早逝比較可惜，找不到結論的話題，好似車窗外的花瓣，隨風飄舞。

「金壽煥樞機主教[6]的臨終讓我非常感動。」

「是啊，拒絕延命治療，坦然接受上天的安排。」

「我們也一起申請吧！不接受延命治療。」

「好！」

「就這麼說定了！我們要不要也拒絕心肺復甦術？」

「但緊急狀況下才會進行心肺復甦術，一一九要怎麼知道我們有沒有拒絕呢？」

6｜金壽煥（1922－2009），韓國羅馬天主教首位樞機。1989年簽署器官捐贈，逝世當天捐贈眼角膜給兩名眼疾患者。

「聽說因為這樣，有些人會在胸前刺上『拒絕心肺復甦術』的紋身呢！」
「哇！看來真的非常想拒絕。」
「那麼我們也不想做心肺復甦術的話，得在胸前刺青囉？哈哈哈。」

拒絕延命治療的姊妹們，也都不接受心肺復甦術，決定向政府機關提前繳交申請書。但實際上，連心肺復甦術都拒絕的話，死亡似乎一下子就離我們很近，頓時大家又憂慮了起來。

「不過，等一下！老么才六十歲就離開的話，不會有點早嗎？」
「是啊，對老么來說有點早。」
「大姊七十五歲的話，也有點早吧？不對，我們都是吧？」
「不用考慮這些，如果到了該離開的時候，就讓我走吧！沒必要勉強該走的人再多活一陣子，我已經活夠了！」

「哎，不過有點可惜？」

五姊妹們的對話裡，摻雜著對長壽的擔心、想好好死亡的期待，還有太早離開人世的遺憾，無法輕易下結論。如果可以認清生與死是件自然的事情，那麼坦然接受死亡的到來也理應很容易才對，事實上，面對死亡的議題卻非常複雜且難下定論。

順從天意而死，在現今會被解讀為拒絕醫療，也會被視為奇怪、特殊的想法。不論過去或現在，人終將會死亡的道理從未改變，改變的是醫術，先進的醫療技術讓我們繼續活著或死亡。

比起個人意志，將生死交由醫術決定，這種形式反倒讓人感到更恐懼、更想逃避。因此，生命似乎會在尚未作答的情況下，拋出「什麼時候死？」、「怎麼死？」、「在哪裡死？」等無止盡的提問。

「妳算什麼！」的二阿姨，
收到召集令的四阿姨

多災多難的一生裡，會不斷發生誰對誰犯錯、犧牲、讓步等無數難以一一記住的事情。在這之中產生的心結，如果能在生命最後一刻全部消除、不留下任何遺憾的話，那就再好不過了。但是人生怎麼會如自己所願呢？還有，家人之間為什麼連說「我愛你」、「對不起」、「謝謝你」都這麼困難呢？

每到過節的時候，家裡總會出現因傷心而落淚的人。有次年節全家相聚時，外婆突然對二阿姨大吼「妳算什麼！」，即使到現在，只要二阿姨想起那句話，就會覺得自己被輕視而難過得哭出來。

外曾祖父送最小的外公到光州上大學時，同時把大孫女，也就是媽媽一起送過去了，他們相當於從鄉下到都市求學。隨後弟妹們也到其他都市讀書，唯獨二阿姨必須幫忙家裡務農，所以在鄉下學校就學，這一直是她內心最大的遺憾。
再加上七兄弟姊妹之間發生了一連串只有她被冷落、不受重視的大小事，即使早已過了數十年，只要觸碰到那段難受的成長記憶，所有委屈都會被喚醒。

「只有姊姊很傷心嗎？我也是啊，只要想到以前……就鬱悶的想哭。」

當二阿姨開始宣洩心中的不滿時，四阿姨就像不能缺席例行活動一樣，馬上加入。外婆身為有生兒子任務的長媳，卻連續懷了三個女兒。當家人對第四個孩子寄予非常大的期待時，外婆也感受到沉重的負擔，結果辜負了眾人的期待，第四胎也是女生。長輩們說下一胎一定要生兒子，便把四阿姨取名為「南修」，一個男孩般的名字。連取名都這樣了，想想她在長大的過程中該有多委屈啊？

無論如何，四阿姨的名字是為了下一個出生的孩子，真是太委屈了。但不知道是不是因為這樣，後來願望成真，下一胎生出了兒子。像是厚南、莫女、結順、終末等命名[7]，這塊土地上有很多女兒出生時，被賦予的名字及其中所蘊含的生命意義，是為了成為獲得兒子的擔保。雖然女兒為家庭犧牲的故事不只一兩個，其他兄弟姊妹仍安慰受到委屈的四阿姨，說她在家族傳宗接代上扮演了極重要的角色。

「你知道老四更生氣的是什麼嗎？二十歲那年，不是有軍隊到家裡來叫她出去領召集令嗎？」

媽媽為了排解阿姨的鬱悶，端出這齣經典戲碼。哭著的阿姨這時才和其他兄弟姊妹們一起捧腹大笑。

7｜女兒以諧音或意義命名，祈求下一胎可以順利生男嬰。諧音名字如厚南（後男）、莫女（末女）；意義名字如結順、終末（最後一胎以男生作結）。

就像家中的長輩們一樣，比起女兒，外婆更疼愛兒子。每到過節的時候，潭陽外婆會把要給子女們帶回家的大醬、辣椒醬、芝麻油，還有各種小菜，分裝成七袋整齊排列在客廳地板上。有一年，女兒們替外婆打包，卻看到了不該看的場面。每個人應該只有一瓶芝麻油，但兩個兒子的袋子裡都有兩瓶。女兒們故意嘮叨偏心被拆穿的外婆，雖然知道外婆也只剩幾年的時間，還是堅持跟她說要公平的對待兒子和女兒。好險（？）第二年每個人都只分配到一瓶芝麻油，不過七瓶中，唯獨兩瓶芝麻油裝到接近瓶口快滿出來，女兒們看到全都大笑。外婆擔心芝麻油可能會溢出來，那兩瓶還特別用報紙緊緊包好後，才裝進兒子們的袋子裡。

如今外婆在七兄弟姊妹的照顧下度過晚年。無論是少拿到芝麻油的女兒們、無法留學的二女兒，或是收到召集令的四女兒，沒有露出一絲委屈的神情，全都理性的照顧著外婆。大家因為外婆飽受失智症所苦，選擇忍著難受的心情不說出口，但父母與子女之間的愛又何嘗不是如此呢？

光看外婆也是如此。過去外婆總是迴避二女兒和四女兒的訴苦，最近因為失智症身體不舒服，偶爾也會表達對女兒們的真實想法。外婆說在鄉下長大，沒能讓她好好學習的老二，心地善良、很聽話，是讓人最放心的女兒；還有四個女兒中，一出生就被推到前線的老四，現在是最照顧她的人，給很多零用錢，也替她買很多漂亮衣服。其實外婆一直懷著對女兒們內疚的心。

雖然不知道該是誰向誰道歉，或誰應該原諒誰，但在外婆生命的最後，家人們就這樣安定了下來。也許家庭，還有人生都是如此吧，需要經過歲月的流逝。

即使如此，如果沒有愛與信任的話，家人之間很難和睦相處。平常的我並不擅長表達情感，但為了不留下遺憾，得多試著說出心裡的想法才行。今晚要來問問家人，有沒有因為我而感到受傷或難過的事情，與其感到後悔和抱歉，不如嘗試累積愛與信任吧！

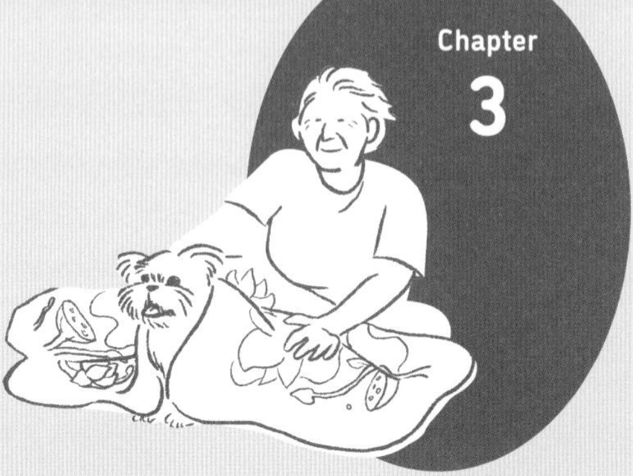

Chapter 3

# 外婆！去幼稚園了嗎？

時隔六個月傳來的訃聞，
知外婆被搶走的聲溝

「孫女快嫁人了，我想買點家具，請讓我打通電話給她吧！」

在還沒有手機的年代，首爾爺爺走進市場巷子裡一間家具店，聲稱要買家具，打電話叫小阿姨過來。家具店老闆不敢怠慢客人，趕緊端上飲料和水果。炎熱夏天裡受到沁涼款待的爺爺，待小阿姨抵達後，在店裡晃了一圈後說了聲「之後再來」便離開了。那天，首爾爺爺受媳婦之託去市場買菜，為了暫時休息一下疲勞的身體，一邊等待人手幫他提重物，就這樣隨意進了家具店。小阿姨當時才剛成為大學生，當然沒有馬上要嫁人這回事。

「爺爺，怎麼突然提到新婚家具啊？」

「天氣太熱，而且公車還要很久才會來，想喝杯飲料就進去了。」

「真是的，這樣對家具店老闆很抱歉！」

「總有一天會去買家具的，沒什麼，大家都是客人嘛！」

首爾爺爺是潭陽外婆的公公，也是我的曾祖父。託小兒子在首爾開藥局的福，多了「首爾」這個稱呼，他對此非常滿意。和上一代的老人們一樣，首爾爺爺的氣勢也不輸任何人。有一次，首爾爺爺帶著哥哥和剛上小學的我搭乘開往首爾的客運，但只買了哥哥的票，沒有買我的。

客運司機生氣的說得再買一張才行，爺爺卻大吼說要抱著我坐車。隨後司機雖然又說了一遍，爺爺還是堅持回答「小孩膽子很小會哭，不能買票！」，結果我坐在爺爺的膝蓋上，但客運一離站，就把我放在隔壁空位上了。

我對小氣鬼爺爺感到有點丟臉，但總是無所畏懼、充滿魄力的爺爺，在任何狀況下都會保護我們，是世界上最可靠的大人。鍾情於打扮的首爾爺爺出門時總會費心準備，穿著西裝，內裡的背心掛上懷錶，再戴上帽頂兩側稍微晾過的霍姆堡氈帽；臉上微微捲起往上翹的白色鬍子，讓人印象深刻。每當家裡發生各種大小事時，也是親戚們信任又放心託付的好對象。

令人感嘆的是，這樣的首爾爺爺也沒能勝過歲月的流逝，罹患了失智症。記得症狀是從送大兒子（我的外公）到天上之後開始的，社區鄰居說要替年過七十的長媳做媒，首爾爺爺為此大發雷霆，這是失智症的開端。首爾爺爺罹患失智症後，長媳（也就是潭陽外婆）一直陪在他身旁，只是外婆也上了年紀，不可能一個人處理農事加上照顧爺爺。

結果，爺爺聽從小兒子的安排，住進首爾一家養老院。雖然爺爺有時無法自理大小便，但是還算健康不吵鬧。遺憾的是，當時誰也不知道，失智症經過治療後其實病情可能會好轉，結果只依據有限的經驗照顧，也許還稍有延遲治療也不一定。

身為長孫女，常常探望爺爺的母親說，其他先入住養老院的患者們仗勢欺人，被欺負的首爾爺爺無法適應，所以經常換房間。有一次甚至說要回家，就消失不見，還是在警察的幫助下才找到人。

就這樣，首爾爺爺住進養老院六個月後，便傳來訃聞。誰也沒想到威風凜凜的首爾爺爺，最後的結局會是如此。

因為對首爾爺爺的回憶，現在當媽媽煩惱外婆去處時，心頭總一再掛念起這段往事。看著首爾爺爺的遭遇，媽媽認為對老人來說「場所」很重要，如果改變居住環境和生活方式，老人或病患都會非常難適應。這正是媽媽難以決定，究竟要將外婆送到護理之家還是長照中心的主因。

十年前外婆剛罹患失智症時，媽媽也說與其把外婆送到子女們所在的城市照顧，每週和其他兄弟姊妹們一起去外婆家探望三、四次是更好的選擇，希望能讓她留在住了一輩子的熟悉社區裡，重新適應新生活。外婆似乎想緊緊抓住逐漸模糊的記憶，死守過去那段時間的生活方式，尤其是農事，大家因為擔心外婆身體狀況會變糟，勸她停止務農，她卻怎麼也聽不進去。

「天啊！媽，外面熱到快死掉了，妳現在要去田裡幹嘛啦！」

「哎，別吵！就是有事才出門的嘛！」

外婆緊抓著鋤頭，爽快留下一句話就出門了，背影悲壯的像是離家拯救國家的戰士。即使是下雨天，或是發布高溫警報的日子，都不曾屈服，明明也不是有公司規定的上班時間，真不知道是什麼讓她如此匆忙。有時候兩手拿著馬鈴薯或辣椒之類的東西回來，好似打勝仗的將軍般，臉上掛滿笑容。

有一天，媽媽得知了外婆為什麼每天都這麼想去田裡的原因。外婆的田和樓上鄰居婆婆的四塊田相鄰，某天去田裡的時候，發現壟溝比起前天少了一條。原本田和田之間是以石頭堆出模糊的界線，聽外婆的意思，好像樓上婆婆用腳一點一點把石頭移開，來拓寬她的田。察覺到鄰居婆婆的壞心眼（？）後，外婆就每天像上班一樣到田裡報到，一點一點把石頭推回原來的位置。

聽著壟溝的故事，我想起小時候和好朋友在書桌上劃線，區分你的我的互相鬥嘴的模樣，覺得有點好笑。外婆除了採收馬鈴薯和辣椒外，還要完成其他任務。識破樓上婆婆想要拓寬田地的外婆，為了討回被搶走的壟溝，正獨自奮戰中。

「後來，外婆有找回壟溝嗎？」

「找是找到了。」

「那就好，嘻嘻。」

「有什麼用，隔天去的時候，樓上婆婆又把石頭推開了，就這樣搶來搶去、搶來搶去，連續十年都在反覆進行啊！哈哈哈。」

「這兩位婆婆真的很了不起啊！哈哈哈。」

雖然沒有辦法阻止固執到死也要去田裡的外婆，但失智老人如果無事可做只待在家裡的話，病情可能會更加惡化，所以媽媽只在一旁看著外婆的

「悲壯領土保衛戰」而不插手；再者，託壟溝的福，外婆也能好好運動、愉快度過閒暇時光，有助於延緩失智症惡化。沒想到竟然就這樣用鋤頭對抗了失智症！

幸運的是，外婆的鄰居們也說，在這個只有二十多戶家庭的小社區裡，可以通融、體諒長年一起生活的老人出現那些行為。媽媽很感激這份情誼，所以常常送水果、年糕等食物給社區裡的老人，或者帶他們去泡溫泉。光是鄰居們能陪在外婆身邊，對媽媽來說，就是無比的安慰了。

田裡那條不斷消失的壟溝，至今還不知道究竟是屬於誰的。但外婆持續十年的壟溝爭奪史，如果是一場與逐漸消失的記憶的搏鬥呢？那條壟溝也是她費盡一生心力，親手開墾的人生。外婆是不是抱持著想留下曾經活過的回憶，所以非要守護壟溝不可呢？還有她捍衛的本能和執著，是不是也延緩了失智症的惡化呢？

「現在是別人的地，被奪走的田，也會迎來春天嗎？」

希望外婆模糊的記憶裡，也有春日和煦的陽光照耀著。

# 狗狗辛巴
# 是孝順的主治醫生

輕輕搖晃著尾巴的小狗，有著蓬鬆柔軟的毛，摸摸牠的話，舌頭還會垂下來！光想像就很療癒。和寵物像朋友或家人般一起生活，能獲得心靈上的安定和幸福，這類說法早已成為共識，尤其對老人或是失智症患者來說，寵物是最好的朋友。

無論盡孝或治療，外婆的寵物辛巴都是一隻非常了不起的小狗。子女們全在都市生活，只有辛巴陪在外婆身旁超過十年。隨著歲月流逝，辛巴也和外婆一樣到了老爺爺的年紀，卻仍然像隻跟屁蟲，緊緊跟著外婆到處跑，光是辛巴本身非常可愛、討喜這點，就足以獨占外婆的愛。

為了帶辛巴散步，外婆每天會到社區走個五六回。辛巴是守護外婆健康最大的功臣，多虧了牠，失智症惡化的速度明顯趨緩，因為外婆可以過著每天叫辛巴的名字、替牠梳毛、餵牠吃點心這樣規律的生活。七兄弟姊妹一致認為家裡最孝順的是辛巴，也很感謝牠的存在。

就連外婆住院時，為了要見辛巴，只花兩個多月就出院了。不過，現在失智症病情比起以前更加嚴重，所以偶爾對辛巴的愛有些超過，某個夏天幫辛巴蓋被子的事就是如此。外婆睡覺時拿著自己的棉被，替鑽進懷裡的辛巴蓋上，但辛巴受不了悶熱，踢開被子逃走，結果外婆罵牠「臭小子」。

外婆也會對辛巴沒來由的沉默感到不滿，自從她的腳受傷後，辛巴也沒能好好散步，常常待在窗邊癡癡盯著外頭看，這不就是老狗會有的行為嗎？外婆非要推著助行器，追趕怎麼喊都不回答的辛巴，然後碎念為什麼不過來，辛巴就這樣莫名其妙挨罵。有時忘記給飼料，還是會一直叫牠去吃飯，但如果辛巴偶爾對吃飯興致缺缺的話，又會招來另一頓斥責。

即使如此，硬是把外婆和辛巴拆散的話，對彼此來說都是艱難心痛的離別。媽媽說只要外婆不打辛巴，就想讓他們繼續一起生活，雖然同時照顧外婆和辛巴，感覺是十個身體也不夠用。無論如何，外婆每天為了摸摸辛巴或斥責牠，拚命抓著助行器運動，辛巴連外婆的康復運動都照顧到了，這是即使有十位醫生照護也比不上的。

仔細想想，外婆和辛巴這個組合，對家人來說是既意外又陌生的。記得小時候，在庭院裡養的小黃們，腳只要一踏上客廳，外婆就會拿掃把趕走牠們，很是厭惡；現在卻和辛巴蓋同一條被子，還會因為辛巴不來一起睡覺而傷心。這麼看來，寵物確實帶來了很大的喜悅。家人們和外婆講電話的時候，總會要求把話筒轉給辛巴，就像在跟家裡老么打招呼一樣；外婆去旅行的時候，也一定會打電話問候辛巴。

託外婆的福，媽媽對養狗的想法也有些改變。媽媽從以前就非常討厭家裡有動物的毛到處亂飛，還有隨地大小便，但看了外婆和辛巴的特別關係後，稍微打開了心房。成為朋友或家人的辛巴，減少了生活中感到無聊或孤獨的時刻，覺得這樣挺不錯的。媽媽上了年紀後雖然有點想養狗，不過清理、餵食和洗澡等事情對她來說仍是一種負擔。

「媽，那如果是養沒有毛的機器狗怎麼樣？」

「機器狗？要養那麼貴的狗做什麼？」

「哎呀，現在的機器狗可不是玩具。多虧了人工智慧，它會記住主人的聲音，還認得主人的臉，多聰明啊！」

我問想養寵物但無法接受有毛亂飛的媽媽，養機器狗這個選擇如何。幾年前，日本因為停止機器寵物的售後服務，甚至出現了民間團體認為不能讓它們這樣死去，集體向製造商抗議的情形。比起子女們更常和自己相處的機器狗，一旦故障了也會舉行喪禮，看起來不論是機器寵物還是動物，都一樣會產生感情。機器狗沒有過敏問題，也不需負擔伙食和醫療費，而且不用清理大小便，我想比起真正的狗，媽媽應該會比較感興趣。

小傢伙，要蓋被子睡覺才行!

可是如果媽媽過世了，那隻機器狗該怎麼辦呢？機器寵物在主人為它取名、傾注關愛下有了生命，是因為和主人之間形成緊密連結，以及交流各種傷心、喜悅等情緒，才會成為活生生的存在。對於這樣的機器狗而言，死亡是什麼呢？機器狗的死亡標準是什麼時候、由誰來判定？是「關閉電源」嗎？還是中斷彼此之間的情感連結？不過這些討論都是建立在即使沒有脈搏、沒有呼吸的非生命體，也適用死亡概念的前提下。

試著想像整理媽媽的遺物時，有一隻充電中的小狗搖著尾巴朝我走過來，那時我能毫不猶豫地拔掉充電器，關起像家中一份子般的機器狗身上的電源嗎？

為了要帶辛巴散步
外婆每天要到社區走上五六回
辛巴是守護外婆健康最大的功臣
多虧了牠
失智症惡化的速度明顯趨緩
因為外婆可以過著
每天叫辛巴的名字、替牠梳毛、餵牠吃點心
這樣規律的生活
七兄弟姊妹一致認為
家裡最孝順的是辛巴
也很感謝牠的存在

身上黏著糞便的奶奶，
愛玩串珠的外婆

外婆發生「五公分」事故後，接下來的幾個月彷如暴風過境，對七兄弟姊妹來說是第一次碰到失智症，也是第一次看護。媽媽說現在回頭來看，不知道是因為沒想到，或是想過但沒做，當時應該互相拍拍背，安慰彼此的辛勞才對。

剛開始一兩個月，因為對醫院裡的人感到抱歉，一心只想趕快出院。外婆因為腳痛，失智症突然惡化，常常大吼大叫吵著要回家，那段日子不僅對醫生、護士，也造成其他患者跟家屬們很大的困擾。即使內疚，也沒能多解釋些什麼，在醫院總像是罪人一樣低著頭。

出院後，本來預計能在兩個月內拆除石膏就好了，然而被石膏固定而煩躁的外婆，每天都大罵著「快解開！快剪掉！」讓所有人都精疲力盡，可是一直亂動骨頭就不會癒合，為了安頓外婆整天都得追著她跑。隨著時間流逝，終於拆掉了石膏。

拆除石膏後的兩個月，大家一直守在外婆身旁照顧她的生活起居。漸漸的，無聊和苦悶累積起來，每個人心中蒙上更深一層的陰影，那是個誰也不明白，唯有照顧者才能了解的煩悶世界。而後因為照顧服務員短暫探訪，才稍微喘口氣，但這個救援只是暫時的，大家仍舊無法完全恢復原先的生活。

終於，外婆能夠慢慢推著助行器走路了。家人們原本商量過，等外婆行動稍微方便些，就把她送到長照中心，因此現在就到了該決定的時刻。

「決定好了？這次要去長照中心了嗎？」

「這個嗎……對長照中心來說，外婆現在狀況太好了。不知道是不是拆掉石膏的關係，心情變得比較穩定，感覺失智症也稍微好轉了些。」

媽媽說因為還心懷希望，很難輕易下決定。外婆最近幾乎不發脾氣，狀況也越來越好，為了尋找其他方法，媽媽跑到老人日間照顧中心等地方諮詢，他們說如果外婆的失智症狀還沒有那麼嚴重的話，可以考慮去一天七小時、從早上到下午的老人幼稚園。最後經過判定，外婆是「狀況較好的失智症」，順利被幼稚園錄取。媽媽再次推翻將外婆送到長照中心的計畫。

就這樣，看護外婆的新挑戰，隨著老人幼稚園的生活一同開始。現在只需要照顧下午從幼稚園回家後到晚上的時間，情況比起之前好上許多。身為看護主力的媽媽跟二阿姨，兩人協議先訂下為期兩個月的時間來適應新生活，告訴其他兄弟姊妹暫時別擔心。媽媽了解外婆失智症的狀況，以此尋找合適的作法，同時考量家人的需求，親自規畫和實行照顧方案。這樣的做事方式，甚至比許多政治家顯得更有能力且讓人尊敬。

去老人幼稚園的第一天，雖然上學途中外婆不停反覆詢問「要去哪？」，但最後還是玩得很盡興；第二天可能覺得無聊，吵著跟老師說要回家，所以從那天之後，開始每天讓外婆帶著喜歡的數學練習本、串珠工具和動物玩具到幼稚園，如此一來就可以讓她集中精神獨自度過一兩個小時，像小孩在幼稚園一樣，串珠子製作項鍊，還準備了學習單。

「妳說外婆在學算術嗎？」

「還不是加法、減法而已，連乘法、除法都可以心算呢！總之，嚇壞我了。」

媽媽就像在炫耀自己的小孩，不停說著發現了九十多歲外婆才能的事。每晚十點多，外婆會緊握鉛筆，開始解數學問題，如果不勸阻就會算上一整晚。剛開始有點難以置信，但看到因為練習本不夠，連隨書附加的習題都寫完了，才了解對外婆來說，這是件有趣到想把所有問題都解開的事。在這些故事中聽到最神奇的才能，是外婆運用日治時期在小學裡學到的日文數著「一、二（いち、に）」算術，然後用韓文解答，更厲害的是，不需要手指就可以算出答案。我和媽媽笑著說，再這樣下去，外婆都可以上大學了。

不久後，外婆便完全適應了幼稚園生活，還像個真正的幼稚園小朋友似的，拜託媽媽跟二阿姨幫她抹乳液、梳漂亮的頭髮，每天穿乾淨的新衣服出門。想想之前要她換衣服是件多麼困難的事，現在卻成了這樣難以置信的場面。有天，外婆為了感謝幫助她的老師，還遞出一張千元鈔票[8]說要

8｜一千韓圜約新台幣二十六元。

送給老師當交通費，學校裡的老師都叫她「漂亮婆婆」，媽媽邊說這段還邊露出慈母般的微笑。

一幾(いち)!
膩(に)!

看著外婆的幼稚園生活進入穩定期，媽媽和二阿姨非常開心，每天多了七小時的自由時間。對二阿姨來說更是如此，可以在潭陽繼續打住在首爾時常打的羽球，在體育館度過充實的時光。

自從開始實行新看護方案後，已飛快度過兩個月。比起一直待在家，外婆去了幼稚園後逐漸變聰明了，眼神也恢復活力，雖然很難回到罹患失智症前的樣子，至少從病情沒有惡化這點來看，已經是很幸運的事了。

但是新方案也產生了新的問題，比起懸心在患者身上，照顧者開始有餘力想想自己了。首先，家人需要一整天照顧的職責減少，嘗過一次自由後，便會渴望擁有更多，無聊和苦悶感再度襲來。幸好外婆身體沒有不舒服，不用在一旁伺候，日常生活中只要幫她準備飲食和穿脫衣服，已經不需要二十四小時待命了。

更大的問題是，二姨丈竟然賭氣發話叫二阿姨不必回首爾了。這麼看來，獨自一人生活的二姨丈，也和照顧外婆而備受折磨的二阿姨一樣辛苦，姨丈和阿姨都已經超過七十歲，都是需要被照顧的老人。

三阿姨和三姨丈聽到消息前來關心，媽媽坦白說尚未找到解決方法，三姨丈雖然也沒有答案，卻委婉提出「底線不就是長照中心這個選項嗎？除了我們之外，其他家庭也是經過百般苦惱才這麼決定」的想法。媽媽又再次站上必須決定是否將外婆送到長照中心的分岔路口。

媽媽打電話給我，想排解內心的煩悶和混亂，聊著外婆的失智症和長照中心的故事，自然也聯想到媽媽未來可能會碰到一樣的事情。何嘗不是呢？身為子女，如果媽媽的人生中闖入「失智症」或「長照中心」等詞彙，光想像都心痛不已，但媽媽卻從容且真摯地說，如果已經失去身而為人的人格或自主性，只是活著的話，就要送到可以照顧她的地方；萬一她還保有人格、想要維持尊嚴的話，到時就替她準備環境好一點的長照中心。

「媽，我們現在開始提早去看哪裡有喜歡的長照中心怎麼樣？」

「像看房子一樣？這麼一想，長照中心也算是我住的房子啦，哈哈哈。」

也許媽媽生命的晚霞，將會依照自己的選擇，在長照中心度過餘生。

潭陽外婆在老人幼稚園和社福機構的幫助下，生活比想像中來得好，會串珠子、也能輕鬆破解數學問題，但是距今大約三十年前，住在谷城的奶奶因為嚴重失智，無法到廁所排便，只好撕下地板貼解決，最後喪失了性命。那是個連老人福利服務或機構都沒有的年代。

身上黏著糞便的奶奶、串珠的外婆，直到我媽媽這一代……這讓我知道雖然每個人都無法避免歲月的流逝，但結局可以有所不同，如果感到遺憾的只是歲月本身就好了。我開始好奇媽媽為外婆準備的最後一份禮物是什麼。

外婆，一定要拿到全勤獎！

面對眼前外婆長照中心的問題，媽媽甚是煩惱。如果有人能在外婆去幼稚園前，替她準備早餐和衣服；放學後為她準備晚餐的話，就不需要二十四小時照顧，這是解決整件事情的核心，但問題是誰要成為那個人？要拜託隔壁鄰居嗎？媽媽煩惱到連上廁所時都在思考，看來這問題苦惱二十四小時都不夠。

「媽，找到照顧外婆的人了嗎？」

「嗯，太好了、真是太好啦！」

終於找到解答了！媽媽向長期照顧管理中心的老人照顧窗口詢問後，得知如果一個月去日間照顧中心（即老人幼稚園）二十天的話，可以獲得一週五天、每天一小時的居家照顧服務。聽到這個消息後，我興奮得抓著話筒，和電話另一端的媽媽一同歡呼。其實政府有各式各樣的制度，能這麼剛好找到，媽媽也覺得特別神奇。

因此，九十高齡的外婆多了一項重要任務——幼稚園二十天全勤。以前要求七兄弟姊妹國小、國中、高中和大學都要畢業的外婆，現在輪到她親自示範拿到全勤獎了，這次，如果遇到困難的話，兄弟姊妹們一定會全力支援，實現全勤目標。唯有達成這個目標，下午的居家照顧才能得到國家補助；上午的居家照顧則可以由家人們另外支付費用。照護之門輕輕一敲就開了，連「芝麻」都不用說，這樣等於解決平日週一到週五的煩惱，現在只剩下週末了。

媽媽的計畫是這樣的，週六由阿姨們輪流照顧；週日外婆幾乎整天待在教會。等到傍晚回家後，只要確認她能不能獨自生活，就可以嘗試實行這項計畫。早上和社區裡的人一起搭牧師的車去教會，所以不用操心；到了教會後，會唱詩歌、製作復活節彩蛋、吃早餐和午餐，裡頭有很多聊得來的人，可以很充實的度過那段時間。外婆對教會滿懷感激，還捐款表達謝意，一直都沒有忘記這份恩情。

媽媽終於完成了這幅想要的藍圖，平日早上九點前是民營機構的居家照顧服務，早上九點到下午四點去日間照顧中心的幼稚園，傍晚五點到六點則是政府的居家照顧服務；週六維持原先的孝順度積分制，由子女們輪流照顧；週日一整天則有教會的幫助。如果這個計畫順利實行的話，外婆就能夠暫時不用去長照中心。

媽媽以時間、星期為單位擬定外婆的行程，依此提出失智老人成長計畫，又稱「一個人也能過得很好」計畫，在家庭會議中獲得認可，全場一致通過。希望往後至少十年的時間，外婆可以因著這項計畫，度過幸福洋溢的百歲人生。

我也曾去幼稚園探望外婆，光是可以不用帶著莫名的內疚感去見外婆這點，就令我開心不已。幼稚園位於廣闊田野的中央，是棟相當漂亮的四層樓新建築，和以前幾次工作時見到的昏暗養老院不同，這裡的設施或氛圍看起來都很不錯。去的時候碰巧是午餐時間，走廊上有許多老人家來來去去。走進外婆房裡一看，同房的三位老人家正各自躺在床上休息。

或許是因為太久沒見到外婆，心裡一直害怕看到失智症患者毫無表情、眼神空洞的樣子嗎？不過，在看到外婆笑起來如同過往，眼角和嘴角泛著隨之而起的美麗皺紋，才稍微放下心來。外婆臉上掛著我記憶中的美麗笑容，說非常開心見到我，雖然到最後也還反覆問著我是誰。

「我們媽媽每五分鐘就會問起一樣的事情，該怎麼辦才好呢，老人家真的非常辛苦啊！」

「沒關係啦，問起一樣的事情還能怎麼辦，回她一樣的答案就好啦！哈哈哈。」

媽媽向同房的老人家們表達了感謝及致歉，但隔壁床的老人家卻揮揮手告訴媽媽別介意。離開前和外婆打聲招呼時，她卻祝福我生兒子，全部人聽到後一陣大笑。外婆對孫女的記憶，是不是還停留在我剛結婚的時候呢？

計畫最後的環節是確認外婆晚上能獨自待在家，不到處亂跑。媽媽就像拍間諜片似的，躲在家門外觀察外婆的一舉一動，她睡前會走出家門，看看巷口後才鎖上門就寢。因為是長期居住的地方，基本上不太會擅自離開，就連門都能好好關上了，不需太擔心。這樣一來，所有人都認為會成行的長照中心，又再次取消了。

另一方面，媽媽和阿姨們也準備告別這段身心難熬的時光，外婆和五個女兒穿上白色T恤配上黑色褲子，一起去了趟旅行，大家慰勞著即將回首爾的二阿姨，不斷跟她說著辛苦了，然後輪流對同樣辛苦的老三、老四、老五表達感謝，媽媽將這趟旅行命名為「照顧結業之旅」。

十個多月以來，媽媽沒有放棄照顧外婆，不斷接受挑戰。託她的福，我才能更理解失智症，剛開始以為失智症只是個「令人絕望的劇本」，但仔細觀察，會發現失智症並不是只會帶來悲傷的劇情，失智症讓家人們相聚、懂得感謝照顧者，還照亮了原先隱藏的才能。我想，如果家庭、社會能坦然接納失智症和老化的話，失智症患者也能因為有完善照顧，好好度過走向死亡前的那段時光。

希望外婆能在失智症所造就的奇妙故事裡獲得幸福。

外婆，一定要拿到全勤獎哦！

要記得哦！
媽媽和五姊妹一起的
照顧結業之旅

# Chapter 4

# 死亡啊！你也該做些什麼不是嗎？

媽媽！在奶奶鼻子下墊張衛生紙吧！

想要在家裡迎接生命最後一刻的人很多，但實際上並不容易，隨著醫療技術發達、殯葬禮儀服務的規模擴大，普遍有著患者到離開前都必須接受醫療的習慣，在宅善終的文化逐漸消失。據說，現在約有百分之七十的韓國人在醫院迎接臨終；但三十多年前，有很多人是在家裡等待生命最後一刻來臨，也許我是經歷在家舉辦喪禮的最後一代，谷城奶奶的在宅善終，是第一次也是最後一次。

那天，稍微打開奶奶的房門一看，感受到不同於以往的氣息。奶奶一動也不動。平常總是朝房門的方向就寢，那天卻背對房門躺著。我不知道該怎麼分辨奶奶是在睡覺還是已經離開人世，一方面是覺得惶恐，另一方面是對懷疑奶奶過世的想法感到內疚。害怕連最後的告別都沒能說出口，心裡非常焦急。

放輕腳步走近叫了聲奶奶，整個房間充斥著令人窒息的孤獨感。我和媽媽交換眼神進行無聲對話後，伸手輕輕搖了下奶奶的肩膀，隨後便傳來這輩子第一次感受到的涼意。

「媽，在奶奶的鼻子下墊張衛生紙試試吧！」

擔心奶奶聽到，和媽媽小小聲對話。我們把雙層衛生紙拆成單張，撕成手指大小，以微小的動作拿起稍稍晃動的衛生紙，放到奶奶鼻子下。我和媽媽暫時屏住呼吸……房間裡所有事物與衛生紙一同靜止，隨後雙腿發軟癱坐在地上。但毫無傷心的餘地，那是沒有專業代辦喪禮的時代，我們不知道怎麼處理後事，無比驚慌失措，幸好媽媽常去的教會，有負責喪事的人前來幫忙，讓喪禮能順利進行。

進行裝殮和入殮儀式時，他們說不想看的家人可以離開，但我和幾名親戚一起留下來了。我好奇奶奶會去哪裡，或許也是想知道第一次經歷的死亡，會由什麼模樣、顏色、氣味和聲音構成。為了不讓奶奶的身體移動，生命禮儀公司的人用繩子牢牢綁住她，手腳也整齊固定住了。

昨天還健在的奶奶，現在卻躺在棺材裡。棺材內用白布包覆瘦小的身軀，避免搖晃。最後瞻仰奶奶梳得美麗的頭髮與臉上滿是皺紋的遺容時，鼻酸啜泣瞬間轉為一陣嚎啕大哭。可能因為在睡夢中過世的關係，奶奶看起來像睡著般，十分安詳。

姑姑們「嗚、嗚」的哭聲持續了一段時間，每當聲音逐漸變小，便會有人開始大哭，如此一來，房間便會再次充滿哭聲，彷彿在為前往另一個世界的奶奶祈禱般，希望她毫無牽掛的前行，竭盡全力大聲哭著，好讓在遠方的她都能聽見。小姑姑因為沒有常去探望感到抱歉，哭得最慘，告一個段落後，姑姑們向辛苦照顧失智症奶奶的家人表達感謝。

將谷城奶奶接過來照顧時，她並沒有失智症，到我們家後，展開了第一次的都市生活。因為擔心奶奶沒有朋友，跟她分享社區裡其他婆婆們聚會的地方，但奶奶卻因為她只上過小學、是長子家的媳婦，還有公公是獨立運動家等各種理由，覺得自己和其他婆婆不同而拒絕了。也許是環境突然變化，加上早已習慣獨自生活，所以奶奶不想和陌生人往來。當時我們也沒預料到這會引發什麼後果。

孤單的谷城奶奶，在難過的時候，會有順天奶奶（谷城奶奶的妹妹）前來陪伴，久而久之從過夜一兩天，變成長期住在家裡的局面。在這長達十年的同居時間裡，看到兩姊妹互相依靠的樣子，稍微減緩了一些擔心，雖然也有因為吵架，順天奶奶鬧脾氣不來的日子，但僅是彼此的存在，就帶來了很大的安慰。當谷城奶奶出現疑似失智症的症狀時，順天奶奶也出現相同症狀而回到老家休養，因此奶奶又回到獨自一人的狀態。在那之後，失智症更嚴重了。

奶奶才剛吃飽，馬上吵著沒有給飯，剛開始還誤以為她在開玩笑。這是失智症的開始。每天問我「你是誰？」的時候，奶奶看起來不像奶奶，而是不認識的人，當下心情感受真的很複雜。當時完全沒有失智症協會，或政府長期照顧的制度，對於奶奶的老化和失智症，大家都束手無策，即使召開家庭會議也找不到任何解決辦法，除了為奶奶準備三餐、處理現有的問題外，沒有其他可以做的事情；還讓奶奶打花牌和縫紉，希望可以幫助她打發時間。

當奶奶到了無法獨自上廁所的程度時，大家都不知如何是好，只知道奶奶會更痛苦。勸她改穿尿布，她卻氣得大聲斥責了一番。剛開始，爸爸抱著奶奶去廁所，但隨著失智症狀加劇，情況變得難以掌控，壁紙和地板貼常常被撕下來，上面沾滿糞便，但不可能每週都重新鋪壁紙和地板貼。奶奶是家人，同時也是病患，我們既不知道該怎麼做，也不知道能做什麼。身為孫女的我，對於當時失智症患者在社會上的醫療服務限制，感到既灰心又相當遺憾。

直到葬禮那天，谷城奶奶的身體才得以躺在換上新壁紙和乾淨地板貼的房間裡，澈底褪去十年多來失智症和老化的痕跡。

奶奶以美麗的姿態躺在屏風後方闔上的棺材裡，只剩下奶奶孤零零一個人。

螺鈿櫃上滿是奶奶使用過的痕跡，陽光照射下，金光銀光搖曳，像映在河灘般，閃閃發亮。

別把我的死告訴任何人！

我和哥哥是感情很一般的兄妹，我們的關係不特別糟糕，但也不是特別好。畢業後去美國的三年間，從未和哥哥用電話或簡訊聯繫，這時卻接到他從韓國打來的電話，要我回去一趟，問他發生了什麼事，也只是回答等回來後再說。

出事了啊！感到不妙的直覺冒了出來。哥哥沒頭沒腦的話，讓我聯想到可能是關於誰的「死亡」，我無法、也不想再追問下去，如果事先知道結果，我會沒有勇氣懷著沉痛的心，獨自承受十個多小時的飛行，所以寧可選擇在不知情的狀況下，帶著襲來的不安感搭飛機。一抵達韓國，馬上去見哥哥。

哥哥叫我到醫院，果然是有人生病了。不過是誰呢？很嚴重嗎？生了什麼病？不知道是討厭這些陌生的疑問，還是對於離開多年的首爾感到不自在，前往醫院的途中又悶熱、心情又複雜。抵達醫院後，眼前上演了彷彿八點檔的場景，在四周白牆包圍的診間裡，醫生以「腦腫瘤、頭骨、手術」等等我活到現在從沒聽過的詞彙，說明哥哥的病情。醫生說，因為腦內腫瘤變大，傷到了骨頭，必須得盡快進行手術，連用韓文說明都無法理解，醫生之後的話對我來說，只是一連串聽不懂的聲音。

「手術要怎麼進行？」好不容易開口，聲音顫抖的詢問醫生。醫生拿起筆，既親切又直白地回答了我，他的手沿著幾個骨頭要切除的方向，在頭蓋骨模型上輕盈而流暢的移動。這個瞬間，我再次明白為什麼拯救人命的醫院裡會放頭蓋骨。

我被「腫瘤」這個詞彙打了一記直拳，接著又被「開顱」這記上勾拳攻擊，精神恍惚，眼淚代替兩柱鼻血嘩啦啦流下來；問醫生術後是否有痊癒的可能，而醫生回報「五比五」的猛烈一拳，將我澈底擊倒在地。

醫生要求身為監護人的我，在下週的手術同意書上簽名。這就是我被召回韓國的首要目的。同意書上寫著，手術中或手術後出現的各種問題和後遺症，還有因而死亡的可能性，其責任不在醫生和醫療機構，歸屬於患者本人及家屬。我成為家屬代表，扛起了重大的責任，如果沒有我，哥哥會選擇獨自擔負一切嗎？

和驚慌失措的我不同，哥哥看起來很淡定，如果這是齣電視劇，他就不能演主角了。哥哥既沒有否定自己可能會死亡的事實，也沒有憤怒的說「為什麼偏偏是我」，看起來心情既沒有沮喪，也沒有感到憂鬱，只是接受所有的情況。那天，哥哥似乎理性的認知到死亡，著手規畫下個階段。後來才知道，他已辭去工作，還特意和女友分手，可能是早就考慮到最壞的可能，將身邊的一切進行了一番整理。

和已經接受事實的哥哥不同，我像極了悲劇裡的女主角。「什麼啊，只有我難過嗎？只有我感受到哥哥隨時都可能消失的恐懼嗎？哥哥已經提前認知到死亡，所以克服恐懼了嗎？你不知道只要死了，一切都結束了嗎？還是你覺得反正大家都會死，就死心了？」我們雖然擁有不同的情緒反應，但也實在差太多了。

更令人難以置信的是，哥哥打算不讓任何人知道這件事，手術結果是好的話，之後再跟父母說就可以了；假如不好的話，只有我能照顧受到極大打擊的父母，所以才叫我先回韓國。這是我被召回韓國的次要目的。

我煩惱了很久，決定打電話給媽媽。我先讓媽媽坐在椅子上，冷靜說明情況，跟她說我突然回國是因為哥哥身體出了些問題，必須緊急進行手術，然後問她下週能不能上來首爾一趟。意外的是，媽媽對重要的事情保有很大的彈性，因為是緊急手術，所以快速判斷狀況後擬定對策。媽媽決定先暫緩手術，召集所有家人、親戚一起討論，讓哥哥再做更多檢查，並聽取不同醫生的意見；如果結論是沒有其他更好的方法時，才依照原先的計畫進行手術。就這樣，哥哥接受了大規模的開顱手術，勇敢的哥哥在頭上釘了一百多個縫合釘後，堅強的出院了。

我們家的人從不輕易開口告知自己的死亡，爸爸也是如此，還是在出院前一天才知道接受了大腸癌手術。在難過和衝擊中保護家人，他們還真是口風很緊的人啊！不過還是提早點說吧……

「別把我的死告訴任何人。」可能是因為李舜臣對他的後代所說的這句話，現實中也看到很多隱瞞自己即將死亡的人。提前知道死亡，將難過與痛苦拆半比較好；還是完全不知道，在瞬間永別比較好？雖然李舜臣將軍英勇赴死，但如果哥哥也同樣果敢離開，家人們會怎麼樣呢？

仔細回想，那天的手術同意書，似乎是讓我們關係更緊密的同意書。那天之後，我們兄妹間產生了從未有過、也未曾想過的深厚情感，不對，是我從記憶中找回一直很親近的我們，像是國中時期剃平頭的哥哥，用他存的零用錢，買了一只動物形狀的手錶給我；還有打敗社區裡討人厭的小鬼，拯救了我。

就像擦去記憶裡的灰塵，讓關係更美好般，即使死亡來敲門也不要隱瞞，如果懂得與死亡共處，生命會不會更加耀眼呢？

狗掌上釘馬蹄鐵，頭骨上的鑽石？[9]

9｜韓國俗語，在狗掌上釘馬蹄鐵指把有價值的東西送給不知道價值的人，變得毫無意義。

還有像頭骨上鑲滿閃亮鑽石一樣稀奇的組合嗎？這是我對當代藝術家達米恩．赫斯特《獻給上帝的愛》[10]作品的第一印象。這幅作品是在真人頭骨鑲上約八千多顆鑽石製作而成，價格非常昂貴，也因為同時受到許多批評和讚賞而聲名大噪。

直到後來，我才稍微明白自己一下子就著迷於這件作品的原因，雖然有很多種解釋，但這件作品傳達了死亡並非陰暗、令人避諱的存在，而是美麗且誘惑的。或者應該說，死亡是神賜予人類的愛呢？

在死亡尚未出現過的我的童年時期，將小雞、兔子、小狗裝在箱子裡販賣，是八〇年代小學門口前常見的景象。因為受到黃色的致命誘惑，我在校門前花了幾十元買了兩隻小雞。買到手的那天，我將那個小巧而溫暖的存在，放在手掌上不停撫摸搓揉了一整天。

10｜《獻給上帝的愛》（For the Love of God，2007）為當代藝術家達米恩．赫斯特（Damien Hirst）的作品。

「毛茸茸、暖黃色，真的好漂亮。哥哥！我們一起幫小雞做個家吧。」

我和哥哥摺泡麵箱子，為小雞們做了個美麗的家。一隻只跟著哥哥，另一隻只跟著我，就這樣哥哥的小雞和妹妹的小雞，自然而然成為我們的家人。放學後，兄妹兩人和小雞玩得很開心，每移動到一個地方，小雞都會緊緊跟在身後。

有天，外曾祖父來家裡作客，我們高興得衝過去抱住他。小雞們也一如往常跟在哥哥和我身後小碎步跑來，我完全忘記這件事，直接從外曾祖父的懷裡跳了下來，唉！偏偏我腳下正好是哥哥的小雞。哥哥的小雞在那場意外中喪命，那場面簡直是地獄！

於是，「死亡」第一次在我的生命裡出現，家人們以小雞去了更好的地方，安慰受到極大衝擊及深陷悲傷的哥哥。等哥哥心情稍微平復後，全家召開緊急會議討論小雞的葬禮該如何舉行，結論是將小雞埋葬在院子裡面向陽光的地方，還立起用木頭做成的十字架，為小雞默哀和祈福。雖然只是微小的流程，卻也安慰了我們。

大約一週後，放學回家發現妹妹的小雞不見蹤影。

「妹妹的小雞消失了。」

「被貓咬死了，這該怎麼辦才好？」

聽到這個難以置信的消息，恍惚了一陣子後，我才問了屍體的去向，答案是丟到垃圾桶了。我哭了許久，問說為什麼沒問過我就直接丟掉，哥哥的小雞埋在院子裡，妹妹的小雞卻直接被扔掉，為此還氣得大吵大鬧。

和小雞們的離別，在心中駐留很長一段時間。我沒能照顧好牠們，很想跟牠們說聲對不起，尤其是對那隻如同蒸發般、消失得無影無蹤的小雞。因為大人擅自作主，所以沒能和小雞告別，也無法放入箱子埋在溫暖的地方，就連飼料盆也沒能好好收拾……無論如何，無法和相遇的緣分好好作結，是件很委屈的事。

哥哥的小雞過世時有充裕的告別時間，大家一起哀悼，還商議了喪禮程序。雖然知道緬懷死亡是為了離開的人，但最終仍是安慰送別者的場合，需要時間克服失去的傷痛，更要特別關心生前與其關係緊密的家人。

不管動物還是人，死亡本身雖然很沉重，但隨著想法不同，也能夠傳遞有價值的訊息。就連和小雞短暫的相遇都是如此了，何況是相處幾十年的家人，甚至是跟自己。我有多少充滿幸福與愛的回憶呢？還有能從中得到多麼珍貴的訊息呢？究竟能從傾聽死亡帶來的寂靜中，聽見什麼樣的訊息呢？就像小雞事件教我的，如果仔細聆聽這個故事，也許可以減少一些死亡帶來的悲傷。

這樣的話，那些訊息應該是死亡留給活著的人的禮物，好似即使時間流逝，仍不斷閃爍的寶石，當我給媽媽看達米恩．赫斯特的作品時，她這麼說道。

「這很不錯啊！如果我的頭骨也像那樣鑲滿鑽石的話，子孫們一定會常常來探望我。一邊哭著呼喊『媽媽、媽媽』，一邊拿走臉頰上的一顆鑽石。一邊說著『我愛您』，一邊帶走額頭上的一顆鑽石，這樣多好啊！有段時間應該會很常來吧？哈哈哈。」

我想，媽媽就連死去後，也想成為給孩子們的禮物。

# 十三歲，遊走死亡邊緣

「禿鷹小隊五兄弟！跟著我。」

我、三位鄰居朋友，還有哥哥，共五人組成的禿鷹小隊去了無等山。從五歲開始，父母每兩週就會帶我和哥哥爬無等山，其他鄰居朋友都是第一次，所以我和哥哥站在最前方，神氣地帶著鄰居小毛頭們從山腳開始爬起。

「左邊！右邊！」像隊長一樣指揮，說著「那條就是上山的路。」、「這棵樹和那棵樹不一樣！」，我們在前方引領登山，大人們緊緊跟隨在後，每條岔路都是選擇的十字路口，我們有時跟在其他登山客後面，有時沿著登山客剛下來的路走上去。

「孩子們真厲害啊！」

下山的長輩們都說了這句話，大家滿足得挺起胸膛，不過山路逐漸變窄，最終消失。看到隊長露出慌張的表情，大家為了壯膽，大喊著這不是禿鷹小隊五兄弟該有的表現。

「順著水流走就可以了，順著水流往下走，就會看見小村。」

我們順著水勢前行，走到路的盡頭沿著水道向下，最後遇到一座小湖泊。哥哥最先跳進湖裡，比著可以下來的手勢，我便擔任二號打者跳了進去。

哎呀！腳踩不到底，水勢湍急，彷彿被吸入狹窄的下水道，身體像洗衣機裡的衣服，往右一圈又一圈打轉，完全無法控制，連續灌水後神志變得恍惚，這是我第一次瀕死體驗。

如同曾瀕臨死亡的人們常常說的，在那短短的剎那，腦海裡也浮現了十三年來人生無數個場面，以及在那之中經歷過的喜怒哀樂，全都歷歷在目，久久無法忘懷；另一方面，對於要將我永遠抹滅於這個世界卻無法反抗的力量，感到極度恐懼。那個瞬間，一邊是活著，另一邊是死亡，兩扇大門同時敞開。那時救援之手拉住了我的頭髮，比我高一個頭的哥哥，將我從鬼門關前拉了出來。

從那天之後，我認為學游泳是一種義務，因此在學生時期，甚至出社會後仍持續學習。每次去完游泳池，就有一股可以保護好自己的信心湧上心頭。

不過有件事讓我十多年的游泳生涯頓時黯然失色。在游五十公尺自由式要轉身時，深深吸了一口氣，旁邊看起來八十多歲戴著花泳帽的漂亮婆婆，在四公尺深的泳池裡游泳，身體幾乎沒有大幅度的動作，剛開始還以為只是漂浮在水上的落葉。婆婆游的不是自由式、仰式、蛙式或蝶式，卻輕盈地划水前進，姿勢看起來一點也不奇怪。出於好奇模仿了婆婆，結果卻是喝了一大口水，如果沒有蛙鏡，我在水裡連眼睛都無法睜開；頭露出水面的話，也只會下沉而已。

原來那是名為「水中自救」的游泳方法，甚至有報導說，一名小學生被海浪捲走後，運用水中自救，得以活了下來。那名學生被沖到距離岸邊約八百公尺處，聽說他本身不會游泳，但託學校教育的福，在水中漂浮十八分鐘後獲救。

當我發現活到現在所學的游泳，對於生存沒有實際的幫助時，突然感到非常空虛。碰上生死關頭，其實還有其他更能守護性命的游泳方法，原來我在完全不了解生存方法的情況下，還以為自己可以存活。重點不是快速游泳，而是長時間的堅持，我卻一直執著在目標不正確的錯誤觀念上，看來需要正確的教育才行。

就像為了危急時刻學習水中自救一樣，死亡來臨的時候也有面對它的態度，學習這些才是最重要的。

不過仔細想想，韓國社會很少教學、談論到死亡，或是面對生命垂危時的方法。也許是因為曾在鬼門關前被救回來的經歷，從小我便對死亡很感興趣。然而身邊沒有大人願意欣然談論死亡議題，別說討論，光聽都覺得不自在，「死亡」這個詞不能隨意提起，明明是任何人都得經歷一次的死亡，卻好像不存在的事情般，閉上眼努力裝作看不見。

在我們所處的環境裡，死亡常常被視為是一件安靜、莊嚴，與日常生活完全切開的事。面對身邊即將過世的人，現實生活中的自我時常會被悲傷、憤怒、慌張和虛無等情緒給擊垮；即將離開的人，也不知死亡何時降臨，只感到茫然和害怕而已。如果學習面對死亡的方法可以消除恐懼的話，是不是就有能力選擇「迎接死亡」而非「遭遇死亡」呢？

事實上，死亡並非轉瞬即逝，而是生命的延續。從這一點來看，在生命中探討死亡可說是再自然也不過，聽說美國、德國和日本等國家，在國小、國中、高中和幾所大學裡，設有教授死亡和臨終的課程；在日本，更是以世界聞名的生死學家阿魯豐斯．德肯[11]的理論為基礎，為生死教育扎根。

課程一開始是向即將離世的人說明死亡相關的訊息，人在走向死亡的過程中，會經歷否定死亡的事實、憤怒、妥協，然後陷入憂鬱，重覆無數次相同的過程。因此，必須學會理解和照顧面臨死亡的人的情緒和情感變化；

11｜阿魯豐斯．德肯（Alfons Deeken，1932－2020）：德國人，研究專長為哲學、生死學。曾任日本上智大學文學院教授。

另外，死亡不只是當事人的事，有時還會涉及家人，甚至對年幼的孩子產生影響，他們的家人也會像當事人一樣，反覆出現悲傷、憤怒等情緒，所以臨終照顧的家屬也需要接受相關的教育和幫助。透過生死教育，學習在接納死亡的過程中，進一步尋找生與死的價值。

相對來說，韓國的生死教育還不太成熟，不過讓人欣慰的是，最終的答案還是得由自己尋找。不去憂慮會成為家人負擔的死亡、和身邊重要的人一起準備的死亡、整理自己生命足跡的死亡，還有該怎麼有尊嚴的迎接沒有病痛的死亡。如果給予每個人機會尋找和思考答案，就不會只是「遭遇死亡」，而是能安詳坦然地迎接死亡來臨。

Chapter 5

# 媽媽的郊遊正在進行中

只有好人眼裡才能看見媽媽的塞納河

「哎呀，怪味！」

「女兒啊，我們把它想成塞納河吧，法國那條美麗的河。總有一天我們會一起沿著塞納河畔散步。」

小時候，上游社區排出的污水流到我們社區的河川裡，散發出濃濃的惡臭，煤炭和垃圾也隨處可見，形成烏黑的河水。上學牽著媽媽的手經過河川時，媽媽總會摀住我的鼻子，開始說塞納河的故事。當時的我覺得塞納河聽起來很美，但應該是一條流著黑水的河。媽媽憧憬著那條位於浪漫巴黎的河，每天走在只屬於她的塞納河畔。媽媽心中會對塞納河懷抱著想望，是從大學時放棄夢想後開始的。

在海外旅行還不普及的六〇年代，媽媽看到韓國首位環遊世界的金燦三教授後，開始夢想成為旅行家。幸運的是，媽媽本來也有機會跟著教授一起走訪世界，卻因為外公喝斥女孩子怎麼可以出國，被迫放棄夢想。

結婚生子後，一直得解決溫飽問題。用盡全力撐過的每一天，累積起來也只是生活而已，這之中從不存在屬於自己的時間。但應該說是苦盡甘來嗎？公司以海外旅行犒賞媽媽因工作而累壞的身體，初次旅行的興奮感，一下子打開長久以來對旅行的熱切想望。不過以當時的經濟狀況，要出國旅遊並不容易，原以為夢想只是夢想，卻不可思議的因為工作而被派去日本出差，媽媽竟再次圓夢了。

此後，旅行成為媽媽生命中的綠洲。旅行既是讓煩悶生活喘息的休閒，是慰勞忙碌生活的獎勵，同時也是為無法真正實現環遊世界夢想而生的，小小圓夢的方法。媽媽總把旅行願望掛在嘴邊，如果聽她說起旅行，會出現比上地理課時還要多的國家名，完全分不清是在家還是在上課。

「我呢，一定要去看看國中社會課本裡出現的大峽谷國家公園，從夏威夷到邁阿密，能再去美國西部晃晃的話就太好了。從世界上最高的帝國大廈上俯瞰中央公園該有多美？走在曼哈頓的時代廣場上，還要感受尼加拉瀑布帶來的感動！一定要看東歐引以為傲的捷克布拉格、匈牙利布達佩斯的夜景！條條大路通羅馬，以義大利為起點，經過法國、瑞士，不是應該要跟著文藝復興的足跡，一窺當時的文明嗎！聽說看到阿爾罕布拉宮和巴塞隆納的聖家堂時，會驚訝的合不上嘴，也要去西班牙和周圍國家走一趟才行。伊斯坦堡的阿亞索菲亞清真寺、藍色清真寺，還有卡帕多奇亞驚奇的自然景觀，土耳其有很多值得一看的東西！去印度旅行也是我長久以來的願望！一定要嘗試解開泰姬瑪哈陵、位在恆河畔的瓦拉納西所蘊含的世界奧秘；即使行程上有些困難，也要去印度洋上的眼淚——斯里蘭卡，哪怕只是看到一小點也好。」

彷彿說出來的話就能成真似的，媽媽反覆說的願望像魔法咒語一樣變成了現實。剛開始只是跟著導遊旗子走的程度，但隨著經驗和功力的累積，漸漸也能順利完成沒有導遊的旅行。之所以能夠維持將近二十多年快樂逃脫日常的動力，是因為擁有五位旅伴，其中只要有人說「集合啦！」，大家就會二話不說馬上聚在一起旅行。漫長歲月中，能有這樣情投意合、說走就走的朋友，真的非常幸運。

中年時期守護媽媽健康和生活的休閒，也隨著年齡的增長逐漸進化。邁入六十歲後，媽媽的旅行風格轉向國內，對現在的她來說，長時間旅行太過辛苦，在熟悉且親近的國內旅行比較自在。媽媽特別喜歡開車兜風，尋找繁花盛開的散步路線，打電話過去時，她常常回答「開車中，先掛斷哦！」，即使是短暫的通話，也傳遞出媽媽的幸福。享受了尋找賞花景點的兜風後，每到節日或是家庭聚會，談論去哪裡賞過花的話題就成了首要儀式。

如今七十多歲的媽媽，已放下方向盤，喜歡在社區裡走走。去電影院看早場電影、到菜市場買菜，以及在附近的餐廳買鴨肉湯回家，這就是媽媽的日常。有一天，媽媽發現一家桌球館，說也要來制定社區裡的旅行路線。

媽媽有二十多年的時間一有空就前往世界各地旅行；有十多年享受國內旅遊的樂趣；進入老年後，每天在社區裡旅行。雖然方式改變，仍一直規畫和享受閒暇時光，支撐媽媽人生的，應該就是旅行還有塞納河吧！

媽媽今天也出發去社區了。現在塞納河應該也在媽媽的心裡緩緩流動吧！

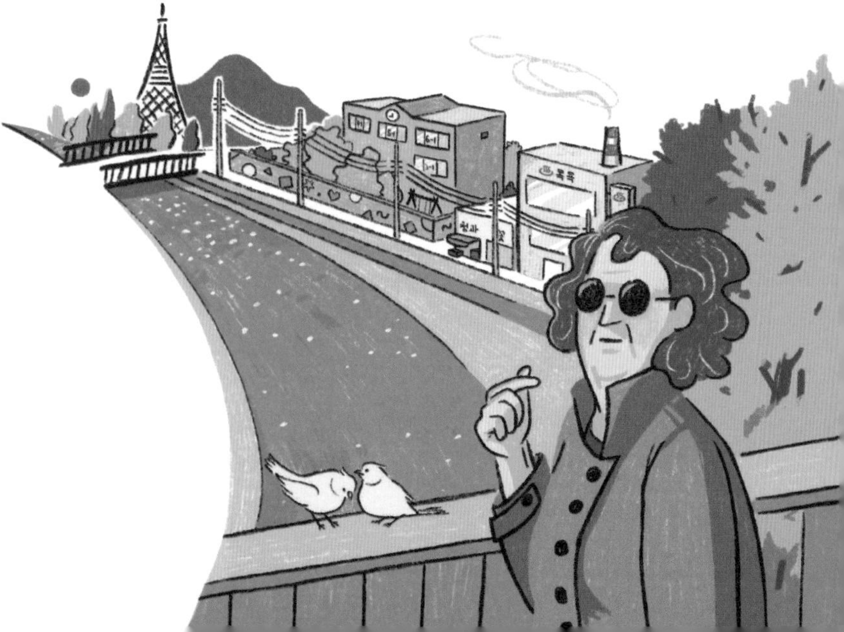

上學牽著媽媽的手經過河川時
媽媽總會摀住我的鼻子
開始說塞納河的故事
當時的我覺得塞納河聽起來很美
但應該是一條流著黑水的河
媽媽每天走在只屬於她的塞納河畔

# 媽媽最後的家

爸爸六十多歲的時候，和媽媽兩人從公寓搬到旅館。那是間位在繁雜市場裡，開業已久的旅館。我至今還記得沿著鋪上紅地毯、稍暗又窄的樓梯走上二樓的話，會看到雜物間。老家突然之間變成了旅館，當時只要一提到旅館，我總覺得像是陰暗的世界，有些不知所措。

住進旅館還不到一年的某天，屋主說把房子賣出去了，要爸媽搬走，我們家也從此和旅館說再見。但不知怎麼的，媽媽竟在委屈與氣頭上，湊齊了退休金和貸款，在市場附近的旅館巷子裡，簽下兩層樓高的旅館合約。原來是正好聽到最近身為老師的朋友夫婦，退休後開始領年金的消息，媽媽一方面羨慕，一方面又擔心和爸爸倆人晚年沒有收入，決定開始經營旅館。這是一棟三層樓獨立且附帶自用住宅的建築。

「不是啊，為什麼偏偏要開旅館呢？」

「媽媽和爸爸不都老了嗎，總得想想養老計畫吧？」

聽完這番話後，腦袋轟轟作響。在這之前，我從沒想過「養老」這個詞會出現在父母的生命裡，覺得那只屬於爺爺奶奶而已。我的父母已進入老年期，而且不能就這樣自然的迎接晚年，他們必須要有所規畫，這帶給我不小的衝擊。

就這樣，爸媽沿用原本旅館的名字，開始經營「世宗館」。爸爸說前屋主是國文老師，現在已經退休了，那位老師還隱隱自豪的說，旅館的名字是以世宗大王命名，託他的福，我也稍微化解了對旅館該不會是個奇怪產業的擔心。媽媽說一定要將原先的「世宗館」改成「世宗飯店」，借助世宗大王的名字，旅館也隨之升級，同時希望作為她唯一養老計畫的旅館，能擁有世宗大王的氣度。

唉！糟糕的是沒經營多久，旅館對面的轉運站就遷移到新市鎮，旅館巷子和周邊商圈逐漸沒落。僅一年的時間，房價減少了一半，無法出售也租不出去。轉運站這類大工程應該很早之前就公告了，這是我們自己沒有發現的失誤。兩老為了不打擾忙碌的子女而做的決定，如今變成現在的場面，作為子女的我也感到慚愧。雖然會想幸好晚年還有一間旅館，但如果我能早點開始規畫就好了。沒能和媽媽一起煩惱要投資什麼、花多少錢，還有如何經營。對於這點我感到非常後悔。

因為無法僱用人手，年老的父母必須整天守在位子上，本來還為此感到擔心，但爸爸卻說可以整天坐著的工作很好，可以寫自己喜歡的詩打發時間，一點也不無聊。

我還總覺得陌生人進進出出是個問題，但媽媽卻控訴說有問題的不是客人，而是爸爸。聽說爸爸還借錢給拖欠住宿費的長期住客，有時候這些借錢的住客默默消失，爸爸卻堅信他們賺到錢後會再回來，不知是做公益還是做生意，使得氣炸了的媽媽最後放棄了旅館事業。媽媽的旅館以養老計畫開始，結果變成爸爸的遊樂場。

即使如此，旅館還是稍微對老夫妻的生活有幫助，至少他們不需拖著年邁的身體做粗活來維持生計，這多少是件值得慶幸的事情。

就這樣度過了十五個年頭，旅館也在這段期間變得老舊。屋齡久了，要維持很費工，對於老夫婦來說很難管理。媽媽正煩惱旅館要繼續營業，還是賣掉搬入公寓，擔心年老後經營旅館會太吃力，但如果住進公寓又會變得孤單。

搬到公寓的話，可以申請住宅年金，以房子為擔保，每月領取生活費。說白一點，這樣他們就不會因為房貸壓力而不能做想做的事，人生結束時房子還能留給子女。然而雖說如此，我還是希望媽媽能有個安然自適、能盡情享受的，最後的家。

在這之前，我從沒想過「養老」這個詞
會出現在父母的生命裡
覺得那只屬於爺爺奶奶而已
我的父母已進入老年期
不能自然迎接晚年，他們必須有所規畫
這帶給我不小的衝擊

# 媽媽的國家代表隊桌球拍

退休後只待在家裡，與在工作崗位上度過一整天，相比之下閒暇時間變多了；同時對抗疾病的時間也會變長。這段期間做什麼事情與健康程度，將決定晚年的生活品質，因此，在這個時期充分活動身體，是保持健康和情緒穩定的好方法。

幸好媽媽喜歡運動，像是手球、排球、游泳、登山還有走路等等，這段時間持續進行的運動相當多。社區開設桌球館時，媽媽也幸福地說：「果然還是流汗的運動最棒了。」本來想打羽毛球，但羽球中心考量媽媽年紀較大而有些疑慮。在桌球教室，年過七十的媽媽為最高齡，當我聽說媽媽是社區裡最年長的桌球選手，感到非常驚訝。不過媽媽即使年紀大，實力卻毫不遜色，是在各方面都非常出色的選手。

「心要保持年輕啊，心老的話就真的老了。」

只要聊到桌球的話題，媽媽就會很高興。跟她一起組隊比賽的人全都超過六十歲，常常忘記發球順序，導致發生大家開始吵架、生氣自己說話被忽視，還有放棄繼續比賽等事情都是家常便飯。不過老人們是因為互相理解對方的心意才會玩在一起，有時男女之間還會產生好感，在相處的過程中，彼此給予正面力量，也消解了心中的壓力、不安和孤獨等情緒。此外，最近還出現了發球機，就算不擅長社交也可以獨自好好享受。

媽媽到成人桌球教室愉快地學習了一週左右，就得到老師的稱讚，還說如果可以購買專業的桌球拍就更好了。國高中時期，媽媽是大家熟知的手球選手，好像還差點以運動資優生身分考進大學。當然可以只使用教室的球拍，但換成專業裝備的話，成效一定會更好。媽媽挑選的球拍有十五萬元和五十萬元兩種[12]，但說實話，當我聽到價錢時，第一個冒出的念頭是，好貴。

12｜十五萬韓圜約新台幣三千九百元；五十萬韓圜約新台幣一萬三千元。

大一韓民國!!
哇一
KOR
'S

平常連十塊錢[13]都捨不得花的媽媽，聽到她因為需要球拍而說出十五萬、五十萬的數字，心情變得很微妙。現在回想起來，那正是我暴露偏見的瞬間。當時冒出的念頭是，反正邁入七十歲行列的媽媽又不是國家代表隊，這背後意謂著我心底其實也認為，教育和投資，是前途無量的年輕人獨有的特權。然而媽媽在媽媽的世界裡，已經是「最棒」的選手了。後來曾經買過桌球拍給兒子的哥哥，也買了一副球拍送給媽媽。也許是五十萬元的緣故，媽媽說握在手上時掌握球的反應確實不同，很是喜歡。

對年輕時的媽媽來說，工作繁忙且餘暇總是短暫，直到老年才獲得長時間休閒的媽媽，又找到一個可以感到有趣，又能愉快度過珍貴時光的活動——學習電腦。她在老人服務中心開設的電腦應用班，上了各三個月的初級和中級課程。課堂上還遇到一位婆婆分享說，她光是初級就學了兩年，因為常常一轉身就全部忘光，所以持續上同樣的課，到現在好不容易

13｜十韓圜約新台幣0.26元。

才比較了解一些。那位婆婆說下一期還要再上初級班。

初次向桌球和電腦下戰帖的媽媽，似乎在不知不覺間，承認了自己早已步入老年的行列，也適應了銀髮族生活。乒、乓、乒、乓，桌球與球拍碰撞時發出的輕快聲響，還有一來一往間夾雜汗水的呼吸聲，似乎教導著我該如何面對晚年。今天也為媽媽，以及七十歲時的我說聲加油。

媽媽，不管花多久時間都要努力挑戰，成為桌球國家代表隊，還有考到一張電腦證照，我會一直支持妳！

# Chapter 6

# 但是，想念媽媽的話怎麼辦？

想要的是這樣嗎？
器官捐贈？遺體捐贈？

媽媽用簡訊傳了一張照片過來。照片中有一張手掌大小的塗佈紙，紙上寫著以下文字。

「我依照自由意志，將我的身體捐給〇〇大學醫學院。若我死後身體適合解剖學研究，將無條件捐贈給上述大學。願我的身體有助於培養有良心、有實力的醫生，促進醫學教育發展。當我發生意外事故時，請聯繫家人及〇〇大學醫學院解剖教室。

——〇〇大學醫學院解剖教室」

天啊，這是遺體捐贈卡。

之前進行看護解放之旅時，媽媽曾說要申請拒絕插管和心肺復甦術，以及只是延後死亡但沒有治療效果的醫療行為，她說只要到衛生福利部指定的機關、醫院填寫幾份資料後，就可以完成申請。我還理所當然地以為不久前爸媽到大學醫院健康檢查時，簽署的是預立醫療決定書。

我問媽媽為什麼突然申請遺體捐贈，媽媽說因為在醫院看病時，對醫生們親切、真摯誠懇的模樣心懷感激，才決定申請遺體捐贈，還補充說，原本是想簽署器官捐贈，後來還是決定申請遺體捐贈。

媽媽認為她總有一天必定會捐贈器官。第一次產生這個想法是在看完紀錄片後，得知移植到重度燒傷患者的皮膚不足，感受到缺乏皮膚的痛苦。她說大部分需要接受移植的患者，都是遭遇職業災害或意外事故的受害者，因此心裡一直惦記著這件事。

但考慮到年紀太大了，自己的皮膚或內臟大概沒有什麼用處，所以才沒有申請器官捐贈。

「真希望有人需要年老的皮膚或腎臟。」

「會不會成為某人唯一的希望呢？」

「啊！這樣的話為了他們，我到死之前也要持續保養皮膚。現在來敷一下面膜好了，哈哈哈。」

我在網路上搜尋器官捐贈的相關資訊。普遍知道的是器官捐贈，但嚴格來說，器官捐贈和組織捐贈是不同的。器官捐贈包括腎臟、肝臟、胰臟、心臟、肺、小腸、眼球、手、手臂等；組織捐贈則是骨骼、軟骨組織、肌腱、皮膚、羊膜、韌帶、心瓣膜、血管等。登記器官或組織捐贈時，可依照個人意願選擇捐贈方式。不論是捐贈腎臟等器官，還是皮膚等組織，又或者僅捐贈眼球，最好提前決定後再提出申請。

我問媽媽器官、組織捐贈想實行到什麼程度。她說雖然不知道能不能派上用場，但留著身體要做什麼，既然要捐，就全部捐出去。

聽說如果捐贈器官，平均可以挽救三到四個人的生命。媽媽說，為了分享自己的生命和愛給那些需要的人，心裡也產生了責任感，覺得要好好照護身體才能以好的狀態給別人，而且死亡的時候也要很小心。

如同媽媽所說，決定捐贈的瞬間，身體彷彿成為公共財，會和鄰居一起使用，也有種借用的感覺，變得更加謹慎。如果將原本以為會化作灰燼或塵土的器官，移植給需要的人，我的生命不僅變得更特別，同時也有機會報答在社會中得到的各種幫忙和感謝。

「那上次在醫院申請的遺體捐贈會有什麼影響嗎？」

「遺體捐贈和器官捐贈隨時都可以撤回，如果不願意，取消就可以了。」

「不，我擔心器官捐贈的話，身體會受損，這樣還能遺體捐贈嗎？」

「到時會看哪邊情況比較適合，醫院會做好充分準備的。」

「是嗎？那這樣就要維持遺體捐贈了，讓學生們可以學習。誰知道呢？說不定會出現新的醫療技術或手術方法？我就捐獻自己的身體，來促進我們國家醫學的發展……」

媽媽宣告宏偉抱負時露出的燦爛笑容，讓我的鼻子一酸，如果到時不只器官捐贈，連遺體也捐贈的話，媽媽會不會永遠消失？還是會隨著器官移植的受益者繼續活著？

雖然沒辦法提早知道，但媽媽長久以來煩惱「怎麼樣才能善終？」的問題，現在得到其中一個答案了嗎？希望是那樣就好了。

爸爸的樹葬、媽媽的海葬和網路奉安堂

媽媽很喜歡大海。聽說她是在二十歲的某個夏天，生平第一次看到江陵鏡浦臺的大海。這個令人驚奇和奧妙的存在，捲起的浪花和海浪的拍打聲、沒有一絲雲彩，沿著海平線展開早晨大海，還有隨著粼粼波光升起的鮮紅日出！對媽媽來說，大海是個充滿美好回憶的地方，除此之外，大海還有一個特殊意義，媽媽說希望以後可以灑落在海裡。

「媽，現在也希望撒在海裡嗎？」

「沒錯，以前我一直想撒在海裡，不過最近常常改變想法。」

「是嗎？那現在想怎麼做？」

「對了，我不是申請了遺體捐贈嗎？這樣的話就沒有必要舉行葬禮或化妝，真是太好了。不需要墳墓、不需要棺材，也不需要壽衣！」

打聽過後才知道，原來遺體捐贈也能夠舉行喪禮。死亡後，會在沒有遺體的情況下，舉行追悼儀式並接待弔唁者；遺體送達醫學院後，第一年先進行防腐處理，之後約兩年的時間會用於解剖教學。當教學或研究結束後通知遺屬，教授與學生們會一同舉行追思會，緬懷崇高的故人。最後可依遺屬的意願，火化後立即返還骨灰，或奉厝於大學合作的靈骨塔。

「那麼……不如就撒在海裡吧？但是妳以前不是說過，想看媽媽的時候，要有個地方可以找到我。所以比起海，覺得應該找一個有標誌的地方。」

「之前爸爸說樹葬看起來很不錯！」

「那我也樹葬好嗎？不過我們還是不要撒在同棵樹，死了以後，稍微休息一下比較好。」

「哈哈哈，死了就要分開！」

「撒在潭陽農場旁的櫸木下怎麼樣？當成郊遊來看我，也要放個牌子……」

「啊，潭陽老家怎麼樣？」

「不、不行，潭陽距離外公的墳墓只有五分鐘的車程，但一年只去一次，更何況比起開車路過下去探望的日子，不去探望的日子更多。」

「是嗎？但是距離很近，應該可以常常過去吧？」

「等時間久了、悲傷漸漸不再就不會來了，而且我只是一座墳墓，沒什麼特別的。這樣的話，沒有非得要留下墳墓或骨灰的意義……」

媽媽說她討厭墳墓，也討厭奉安堂。聽到媽媽對海葬、樹葬有興趣，才知道原來我們社會的葬禮文化或儀式正在逐漸變遷，隨著超高齡社會的來臨，在走入百歲世代前，迎接死亡的風景也發生了很大的變化。

在比韓國更早進入超高齡社會的日本，普遍使用「骨灰宅配服務」。父母過世後，先火葬，再以快遞送骨灰到寺廟，由寺廟代替家人行最後的禮。

這是在高齡化、少子化和核心家庭等家庭結構轉變下形成的現象，獨居老人孤獨死亡時，很多身處異地的子女無法立即處理，所以在當地社區火葬後，請快遞協助送去寺廟。即使是家人，不想為他人添麻煩而獨居的老人越來越多，也因此遺屬或無家可歸的老人在生前親自預約的情況也增加了。

在這之前，線上提供燒香悼念的網路奉安堂也很受歡迎，可以用電腦選擇墳墓或骨灰罈，也可以插花；不僅能放故人的照片，還能上傳錄製的人聲或影像，想念的時候可以隨時上去留言。媽媽叫我在她的網路奉安堂上傳十張照片，想她的時候就上來講講生活中的事情，還有媽媽喜歡花，無論是菊花或玫瑰，叮嚀我要用百萬朵美麗的花布置。

媽媽的時間來臨時，即使杳無氣息，花依舊燦爛綻放。

想我的時候隨時上來跟我講生活中的事情

穿上華麗的衣服
前來媽媽的葬禮吧！

墳墓、奉安堂、訃聞、壽衣、棺材……持續和媽媽交談之下，原先難以啟齒的詞彙稍微減輕了些重量，媽媽甚至還補充說，隨著時代進步，如果有更好的葬禮選擇，就依此舉行。

媽媽夢想中的葬禮，是只有家人們相聚的樸素派對，這樣便足夠了。沒有奠儀、也沒有弔唁花禮，只需準備茶點，然後像歐洲的葬禮現場一樣，演奏清朗悅耳的進行曲。

就像媽媽所說，那一刻來臨時，不希望任何人悲傷或流淚，而是舉辦一場充滿蕭邦進行曲的愉快葬禮，那麼媽媽人生的最後就可以實現心中嚮往的畫面。

「媽，離開之前辦場葬禮怎麼樣？」

「什麼？誰？我嗎？」

「對啊，媽媽的生前葬禮！」

聽到生前葬禮這個詞，媽媽嚇了一大跳。隨著人類壽命增加，死亡的準備時間拉長，死後葬禮的意義也逐漸褪色，因此，越來越多人在人生晚年，挑選狀態最好的一天舉行生前葬禮。穿上最喜歡的衣服、以邀請函取代訃聞，帶著最燦爛的笑容迎接前來弔唁或參加派對的客人。沒有任何繁文縟節，和人生中一定要記住的人，在分享回憶、吟詩、歌唱和跳舞中告別。

朝鮮時代的名臣燕巖朴趾源，即使年老行動不便，還是堅持不吃藥，擺設酒席和朋友們一起歡度，迎接死亡，就這樣和朋友們在愉快的聊天中離開人世，是個多麼幸福的結局啊！

作家柳時敏也在書裡寫道，要佈置派對場地、互送手寫信、唱歌、喝啤酒和米酒，希望彼此解開心結，相互理解、原諒，然後毫無牽掛的離開。無論以什麼形式舉行，只要能夠成為照亮一個人孤獨人生的葬禮，便具有豐厚的內涵與價值。

想像二十年後媽媽生前葬禮的場景，我將拿出褪色的相片回憶每個時光、一起開心唱歌跳舞，寫信或吟詩表達難以用言語說明的心，然後大聲朗讀，度過一個像真正的派對般的一天，記住媽媽最後的樣子。

歡迎來到媽媽的葬禮!

還有，希望這一天對離開的人和留下的人而言，是一個滿懷感謝、尊敬的日子。想要表示感謝的人，互相握手問候；希望請求對方原諒的人，真心表達歉意；想要恢復關係的人，彼此擁抱、拍拍對方的背；也想規畫一段心碎的時間，提早聊聊連死亡也無法阻擋的思念，盡情大哭後再盡情歡笑。如果現場所有的感謝、諒解和愛融為一體，留下的人和離開的人，兩者的生與死將混合成同一種顏色，其他人則透過一個人生命的結尾，學習往後人生的價值，並為自己訂定美好的計畫。

如果那天來臨，我一定要盛情款待媽媽的朋友。為了讓鼻水順利流出來，送來醃漬芥菜泡菜的朋友；那些編織許多菜瓜布的朋友；製作了溫暖棉被，送給媽媽冬天使用的朋友；為了讓大家度過酷暑，縫紉嫘縈短褲的朋友，還有二十年來始終如一，和媽媽一起旅行的五位靈魂伴侶……。與其在媽媽過世後一一拜訪他們，在極具意義的場合表示感謝會更好吧！我一定要跟他們說，我們收到了很多幫助和關愛。

「媽，你真的想舉行生前葬禮嗎？」

「離開前大家可以一起吃頓飯的話很好啊！」

「是娜娜．穆斯庫莉嗎？帶上媽媽喜歡的黑膠唱片，挑一首曲子，再配上相片或影片聊聊回憶怎麼樣？」

「好啊，奇異恩～～典！放好聽的歌，然後看著旅行時拍的照片聊天的話，應該會很快樂吧？」

媽媽談起她的葬禮，不知不覺流露出開朗的笑容。我原本以為將父母的死亡掛在嘴邊，說要為他們準備死亡，是一件不自在且忌諱的事情，但想到透過媽媽的葬禮可以照亮她的人生，就覺得自己果然做了正確的選擇。希望大家記憶中媽媽最後的樣子，不是遺照中生硬不自然的表情，而是穿著美麗衣服、配上幸福笑容的模樣。

葬禮是喚起家庭歷史和記憶的場合，所以無論是什麼形式，其價值都不會改變。只是以最後的孝順為名，與無數連名字都不知道、身穿黑衣的弔唁者行禮，歷時三天送別的黯淡葬禮相比，絢爛花紋隨人群舞動而繽紛搖曳的幸福葬禮，似乎更適合媽媽。

媽媽在葬禮上，想穿什麼顏色的衣服？

# 啊！這不是外婆的大醬嗎？

大醬的味道變了。有天媽媽帶著大醬罐來找我，對我們家來說，大醬代表潭陽外婆的消息，也是向彼此傳遞的問候。一拿到大醬，我馬上打開蓋子，用小指蘸了一大口放入嘴裡，卻是沒吃過的味道。

外婆做的大醬、辣椒醬特別好吃，在社區裡被稱為「淳昌家」，因為外婆從淳昌嫁過來，擁有厲害的醃漬祕訣，房間一角常常掛著的豆餅，會在某天隨著發酵完成的臭味一同消失，最後變成大醬或醬油分別送到兒子、女兒們的家裡，再從中分享給孫子們。就這樣吃了四十多年大醬的我再也無法吃到，因為外婆的失智症惡化了。

最直接的起因是外婆的腿骨折，也因此成為七兄弟姐妹二十四小時輪流看護的開端，開始照顧原先可以獨自生活的外婆。歷經六個月的看護生活壓力後，媽媽瀕臨極限，好似逃脫般跑來找我。從六十歲老么的孝順計畫為起點，展開七兄弟姊妹橫衝直撞的失智症看護記。媽媽在幾天幾夜間，滔滔不絕地分享有如英雄故事般的精彩內容。九十多歲的外婆、七十多歲的媽媽和四十多歲的女兒，這是母女三代人生總結對談的序曲。

外婆出院後在家得到二十四小時的照顧，對失智症不熟悉的家人們，因為不了解加上力不從心，遭遇各式各樣的困難，同時每天仍會碰到新挑戰；這段時間，外婆的身心也經歷了許多不便。

不停煩惱外婆去向的媽媽，經過幾次反覆嘗試，終於在十個多月後，找到適合外婆獨自生活的方法。外婆自從去了老人幼稚園後，過著比之前更滿意的生活。就這樣經過四個月，冬天過去、春天伴隨著和煦微風吹來時，外婆眼裡的光逐漸消失，不怎麼表達自己的厭惡喜好，連話也變少了。

媽媽判斷外婆已經很難獨自生活，所以讓她住進長照中心。幸好長照中心和以前去的老人幼稚園位在同一棟建築，對外婆來說不是很陌生的環境，聽說因為睡得不錯、也有好好吃飯，反而還長了些肉；雖然偶爾會說想回家，但經過照顧服務員們的勸說，便會好好聽話。不過外婆個性非常固執的一面依舊存在，有時會和同房的老人們為了要開門還是關門睡覺爭吵一個多小時。

現在只要在家族群組內分享外婆長照中心生活的近況和照片時，群組就會熱絡起來。外婆喜歡和其他老人們一起聊天、努力運動，也度過了愉快的手工藝時光，而且，照顧服務員們連外婆喜歡看電視直到深夜的小習慣也照顧到了，聽說晚上會特別在大廳陪外婆，再帶她就寢。

託外婆的福，能聽到媽媽希望如何告別人生和迎接死亡，對我來說是莫大的祝福。這些是能聽到的時候就要側耳傾聽的故事，近距離照顧外婆的媽媽，不想被動的遭遇死亡，而是為了迎接死亡作準備。聽著媽媽談到關於延命醫療、器官和遺體捐贈、葬禮方式等想法，似乎更理解她看待人生的觀點和態度。

對我來說，最大的改變大概是現在可以從容面對總令人感到恐懼、以為只能被動接受的死亡，也激發了我不抗拒即將來臨的晚年、並計畫老後生活的意志，其中包含從失智症的茫然和絕望中解脫。看著外婆一點一點逐漸消逝的記憶，我想這也許是為了讓大家能夠平靜地迎接最後一刻，只希望這個過程不要太突然，也期待出現更有效的失智症防護方法。

外婆的大醬、辣椒醬從此不會在我們家出現了，這個時代已經走入盡頭。一個人的盡頭，卻開啟了新的起點。外婆結婚後生下七兄弟姊妹，幾十年都在同一個地方生活，看著公公婆婆走過的路，總有一天也會跟上先走的丈夫的步伐。那段女兒們在意外婆只照顧兒子而心裡受傷的歲月已然逝去，現在各自為自己的子女們送上大醬和醬油。看著身為長女照顧外婆的媽媽，我問媽媽這是不是她最後的美好時光，從外婆、媽媽到我的故事裡透著一股鹹味，好似熟成的大醬。

即使如此，仍會持續發生無數的故事，像花開花謝般，期待從外婆這裡延伸的故事和歷史，又會綻放出什麼樣的生命故事。

希望在看這本書的你，也能馬上打開家裡的大醬。

「媽，我的鼻屎……」坐在院子角落的水池邊喊著，媽媽便在我的胸口圍上毛巾。盆裡嘩啦啦裝滿沁涼的水，媽媽抓著我的後頸，用拇指和食指摀住我的鼻子，聽到媽媽「哼！哼！哼！」叫我擤出來的聲音，一整天蹦蹦跳跳的疲憊，還有記不清為了什麼而難過的眼淚全都消除了。

我以為變成大人後一切都會好起來，即使發生傷心的事依舊能照常生活、受傷後也能再次站起來。不，應該說我相信不會碰到想哭的事情，可我到現在還是很常遭遇傷心的事，就算小傷口也會疼痛。所以每當覺得活著很鬱悶時，就想對媽媽伸出鼻子，一聽到媽媽像魔法般「哼！哼！哼！」的聲音，悲傷和煩悶瞬間暢通，媽媽也會像當時一樣笑著說「啊！好舒爽啊～」。

上次通話的那天，媽媽說要去社區照顧關懷據點吃飯，驚覺原來媽媽也到這把年紀了，心情十分微妙，好像再次感受到幾年前參與共餐服務時，見到老人們的心情。雖然他們現在仰賴他人的幫助，但各自應該都曾經歷過熾熱而華麗的青春，想到這些，不禁流下摻雜激動和悲憫的淚水，不知道媽媽是怎麼熬過那段時光的……自誇是媽媽樂觀的象徵，只喜歡唱幸福歌曲的「快樂宋」女士，這七十多年來真的辛苦了，真的很尊敬妳。

身為我的媽媽同時也是人生前輩，看著走在前面的媽媽，我不僅學會活著，還學習了死亡。因此不論是對我或對媽媽而言，即使面臨年老和死亡，也不再感到慌張、害怕。當我希望讓媽媽自在過活時，總先站在她的立場、理解她的想法。我會記得媽媽說過的，如果失智症找上門，要給予符合她人格的對待；當她孤寂倍增時，我會送給媽媽一隻機器狗，幫助她繼續喜歡的旅行、運動和散步；我會稱頌一位母親，不延長毫無意義的生命、希望捐出器官分享生命或遺體捐贈的心意；和媽媽離別的時候，我會準備一場縈繞端莊優雅進行曲的樸素追思會。媽媽對每件事都給予肯定，並向周圍的人分享幸福的樣子，即使在紀念死亡的日子裡，也不會改變。

我會以這樣有尊嚴、格調的死亡，協助媽媽完成人生。

和媽媽一起寫這本書的過去一年，將成為我人生中最美好的回憶。過去對學生只是「教授」死亡，託這一年認真實習的福，今後似乎可以和學生一起「談論」死亡。在為時已晚之前，一定要與家人分享對於死亡和善終的想法。從沒想過談論死亡是如此有趣，使人落淚、流下鼻水，重新回憶起家人之間的點點滴滴，再次領悟到這是件多麼溫暖的事情。我想這彷彿用尺測量過的人生，應該過得稍微溫潤、柔和些。等媽媽到了外婆的年紀、我到了媽媽的年紀時，我想創造更多故事，再次一起寫書。

春天好像要來了，連續兩天下著雨，似乎沒有什麼比春雨更適合融化冬天。下雨的日子，窗外的漢拿山被雲霧遮擋，看不太清楚，但我知道烏雲的另一頭，漢拿山依舊佇立原地。有些日子放眼望去，綻放著滿滿的紫杜鵑；隔天卻披上了雪白的外衣。無論是看得見的日子，還是看不見的日子；開心的日子，或是灰暗的日子，我總是喜歡那座山。媽媽對我來說，就像山一般的存在，而且我知道，那是媽媽對我的愛。

我愛妳……

我愛妳……

我愛妳……

我會讓媽媽聽見這段永不止息的回聲。

媽媽，愛妳。

在春天到來的濟州

媽媽的女兒

媽媽離開的時候想穿什麼顏色的衣服？/申昭潾著；曹雅晴譯. -- 初版. -- 新北市：遠足文化事業股份有限公司堡壘文化, 2021.11

面；　公分. -- (Self-heal ; 5)

譯自：엄마는 죽을 때 무슨 색 옷을 입고 싶어? : 90대 할머니, 70대 엄마, 40대 딸, 모녀 3대의 인생 결산 한판 수다

ISBN 978-986-06935-9-1(平裝)

1.生死學

197　　110017084

ISBN：9786269526635 ( EPUB )

ISBN：9786269526628 ( PDF )



Self-Heal 005

**媽媽離開的時候想穿什麼顏色的衣服？**

**엄마는 죽을 때 무슨 색 옷을 입고 싶어?**

90대 할머니, 70대 엄마, 40대 딸,
모녀 3대의 인생 결산 한판 수다

作者｜申昭潾（신소린）

插畫｜Uyada.studio

譯者｜曹雅晴

總編輯｜簡欣彥

特約編輯｜倪玭瑜

行銷企劃｜許凱棣

手寫字｜劉秝緁 zz

封面設計｜IAT-HUÂN TIUNN

內頁排版｜IAT-HUÂN TIUNN

社長｜郭重興

發行人兼出版總監｜曾大福

出版｜遠足文化事業股份有限公司 堡壘文化

地址｜231新北市新店區民權路108-2號9樓

電話｜02-22181417

傳真｜02-22188057

Email｜service@bookrep.com.tw

郵撥帳號｜19504465

客服專線｜0800-221-029

網址｜http://www.bookrep.com.tw

法律顧問｜華洋法律事務所　蘇文生律師

印製｜呈靖彩藝有限公司

初版1刷｜2021年11月

定價｜新臺幣450元